Hermann Knoflacher
Zurück zur Mobilität

Hermann Knoflacher

Zurück zur Mobilität

ueberreuter

FSC
www.fsc.org
MIX
Papier aus verantwortungsvollen Quellen
FSC® C012536

Das für dieses Buch verwendete FSC-zertifizierte Papier EOS lieferte Salzer Papier, St. Pölten.

ISBN 978-3-8000-7557-7

Covergestaltung: init, Büro für Gestaltung, Bielefeld

Druck und Bindung: Druckerei Theiss, St. Stefan im Lavanttal
5 4 3 2 1   17 16 15 14 13

Ueberreuter im Internet: www.ueberreuter.at

Vorwort

»Mobilität ist Leben.«

Diese Aussage ist sowohl richtig als auch falsch bzw. fehl am Platz.

Sie ist richtig, weil alle Strukturen ihre Existenz der unglaublichen Mobilität der Elementarteilchen verdanken, aus denen sie zusammengesetzt sind.

Sie ist fehl am Platz, wenn damit Automobilität gemeint ist, jene Mobilitätsform, die derzeit global in jeder Minute mehr als zehn Menschenleben zerstört.

»Mobilität« ist ein relativ neuer, häufig gebrauchter und ebenso häufig missbrauchter Begriff. Wenn Begriffe im Sinne von Bausteinen einmal falsch bzw. unpräzise verwendet werden, so darf es nicht wundern, wenn auf ihnen errichtete Gebäude nicht mehr halten, was man sich von ihnen verspricht.

Schnelle und bequeme Verkehrssysteme haben diesem unserem »Zeitalter der Mobilität« ihren Namen gegeben und den Begriff Mobilität auf die Bewegung von Verkehrsmitteln auf Bahnen reduziert.

Im 19. Jahrhundert wurde Mobilität als »Rührigkeit, Beweglichkeit, Mobilmachung oder Mobilisierung, die Überführung militärischer Streitkräfte vom Friedens- auf den Kriegsfuß« definiert, zu jener Zeit also noch auf den Fußgänger bezogen.

Der Begriff »Soziale Mobilität« wurde 1927 von dem Soziologen Piritim Sorokin eingeführt. Mitte des 20. Jahrhunderts findet man unter diesem Begriff noch die Wohnungs- und die geistige Mobilität.

Heute weist das elektronische Nachschlagewerk unter »Mobilität« die räumliche, soziale, die Elektromobilität und die E-Mobilität, E-Mobility oder virtuelle Mobilität auf. Man findet den Begriff in der Astrophysik im Zusammenhang mit der Entstehungstheorie des Universums – dem Big Bang (»Urknall«) – jedoch nicht. Dabei hätte dieser Theorie nach – durch die Kombination aus extremer Energie und extremer Geschwindigkeit ohne Beschränkung durch Zeit und Raum – ein Maximum an Mobilität stattgefunden. Ein Zustand, der sich mit den heutigen Mobilitätsbemühungen decken würde: unbegrenzt verfügbare Exergie[1] für immer höhere Geschwindigkeiten, die sich Raum und Zeit selber schaffen, gefördert durch Milliarden Steuergelder.

»Smart Mobility« und Elektromobilität, Elektro- oder Hybridelektrofahrzeuge mit vollelektrischer Fahrmöglichkeit (»Vollhybrid«) für individuelle Mobilitätsbedürfnisse sollen bisher nicht zu bewältigende Probleme lösen.

Damit ist die geistige Mobilität aber schon ziemlich erschöpft. So merkt kaum jemand, dass es E-Mobilität schon seit jeher und überall gibt, vor allem im Kopf. Dies hat Ursachen, aber auch Folgen, und zwar positive, wenn sie uns zu Erkenntnissen, bzw. negative, wenn sie uns in Sackgassen oder in den Abgrund der Irrtümer führt.

Für die Zukunft erwartet man weiteres Mobilitätswachstum, schnellere und umweltverträglichere Verkehrsmittel, dadurch kürzere Reisezeiten und damit eine weitere Zunahme der Wahlfreiheit.

In den knapp 50 Jahren meiner Forschungsarbeiten und praktischen Tätigkeiten musste ich – zum Glück erst nach meiner Berufung zum Ordinarius – feststellen, dass nicht nur die Hoffnungen auf die Lösung damaliger Verkehrsprobleme, sondern auch auf die Weiterentwicklung umweltverträglicher Verkehrsmittel bislang enttäuscht wurden. Das Verkehrswesen wurde von den Möglichkeiten der technischen Verkehrsmittel so überrollt, dass die allgemeine Begeisterung für diese jedes kritische Denken, genau genommen jedes Denken überhaupt, verhinderte.

Mobilität, früher ein Problemlöser, ist heute zu einem Problemerzeuger geworden. Alle bisherigen Ansätze, den Problemen beizukommen, scheitern, weil man nicht die Ursachen, sondern die Symptome behandelt, und das noch so, dass die Therapie die Krankheit noch verschlimmert. Obwohl sich zunehmend deutlicher abgezeichnet hat, dass die komplexe »Mobilitätsmaschine« auf falschen Grundannahmen basiert, findet kein Paradigmenwechsel statt. Doch genau dieser steht an, wenn die Voraussagen herrschender Theorien, durch Hilfshypothesen, besser gesagt durch Ausreden gestützt, nicht mehr ausreichen, um die Widersprüche zu erklären.

Jenseits dieser Sackgasse jedoch, in die die Mobilität geraten ist, gibt es heute nicht nur einen praktisch erprobten, sondern auch schon einen theoretisch gangbaren Weg »zurück zur Mobilität«, der Natur, Menschen und Wirtschaft nicht mit noch mehr Kohle, Erdöl, Kern- und auch Solarenergie zerstört, sondern der die gewaltigen Ressourcen geistiger Energien aus ihrer Umklammerung befreien kann.

Ich danke meiner Frau, meinen Kollegen und meinen Freunden, die mich in der Zeit, in der ich dieses Buch geschrieben habe, unterstützten, mir halfen, manch eine Unklarheit auszuräumen, und mir mit Nachsicht zur Seite standen.

Weiters danke ich Frau Magª Wagerer vom Ueberreuter Verlag, die mich zu diesem Buch angeregt hat, und Frau Magª Ballauff für das wertvolle Lektorat.

Wien, im Februar 2013
Hermann Knoflacher

Ein Beispiel lebendiger Mobilität

Futterkästchen für Eichkätzchen haben einen nach oben aufklappbaren Deckel. Vorne sieht man durch eine Glasscheibe die begehrenswerten Nüsse. Zwischen oberem Rand und Deckel ist ein schmaler Streifen offen. Erfahrene Eichkätzchen haben kein Problem, an das Futter zu gelangen. Was aber macht ein Junges, dem dies noch unbekannt ist?

Ende November beobachtete ich solch ein junges Eichkätzchen, das in meinem Garten vor einem Futterkästchen saß. Es schnupperte an dem Rand entlang und versuchte zunächst, das Kästchen seitlich zu öffnen, was sich jedoch als unlösbar herausstellte. Dann versuchte es, den Deckel von oben zu öffnen, indem es sich draufsetzte. Was natürlich ebenso wenig zum gewünschten Ergebnis führte. Schließlich sprang es vom Futterhäuschen auf die etwa anderthalb Meter weit entfernten Äste, um sich die Sache aus der Ferne anzusehen. Es hüpfte zuerst auf den linken, dann auf den rechten Ast. Seine Vorgehensweise erinnerte an Maler, die einige Schritte von ihrer Staffelei weggehen, um Abstand zu ihrem Werk zu gewinnen. Und tatsächlich: Es dauerte nur wenige Minuten, bis das Eichkätzchen erkannte, dass die Lösung am oberen Rand liegen musste und dass der Deckel so aufging. Es zwängte seine Pfote in den Spalt und anschließend sein ganzes Vorderteil – und es hatte das Problem gelöst.

Einmal geistig mobil, ersparte es sich ab diesem Moment für immer unsinnige physische Mobilität.

Diese Zufallsbeobachtung veranschaulicht das Wechselspiel zwischen geistiger und physischer Mobilität, wenn es darum geht, ein Problem zu lösen – aber nicht nur das. Denn anstatt sich in das unmittelbar vor ihm liegende Fachgebiet zu verbohren, um »mit dem Kopf durch die Glasscheibe« zu kommen, entfernte sich das Eichkätzchen vom Gegenstand seiner Begierde – sozusagen von seinem engeren Fachgebiet, das ihm Probleme bereitete –, um es mit dem nötigen Abstand in Augenschein zu nehmen und festzustellen, was es falsch machte. Eine beachtliche Leistung, wenn man sein Vorgehen mit dem vieler Fachexperten vergleicht.

Das Eichkätzchen hat im Kleinen praktiziert, was im Großen stattfindet: Mängel der geistigen Mobilität – das Nichtdurchschauen des Systems – mussten durch physische Mobilität – Sprünge auf die weiter entfernten Äste – kompensiert werden. Das Eichkätzchen brauchte nur wenige Minuten, um dieses neue System erfolgreich zu beherrschen, im Verkehrswesen jedoch dauert dies Jahrzehnte bis Jahrhunderte. Dafür gibt es Gründe. Hätte das Eichkätzchen seine Körperkraft mittels einer Maschine auf das Tausendfache vergrößert, so wäre das Futterhäuschen zertrümmert worden und das Eichkätzchen hätte nichts dazugelernt.

Die Kontrolle verloren

»Ich habe die Kontrolle über mein Fahrzeug nicht verloren, weil ich die ganze Zeit das Lenkrad fest in der Hand hielt!«

Dies gab ein Autofahrer zu Protokoll, der nach einem Überschlag und einer 300 Meter langen Rutschfahrt auf dem Autodach durch einen Bahndurchlass hindurch auf dem Acker landete.

Die geistige Verfassung unserer automobilen Gesellschaft kann man kaum besser beschreiben. Mit Technik und neuen Energiequellen werde man, so wird behauptet, sich abzeichnende Holperstrecken wie bisher überwinden, und das umso besser, je mehr Informationstechnologie in die Verkehrsmittel gepackt wird. Solche und ähnliche Versprechen hört man seit über einem halben Jahrhundert, eingelöst wurden sie nicht. Je mehr man sich bemühte, desto größer und unlösbarer wurden nicht nur die Verkehrsprobleme, sondern auch die Finanzlage der Kommunen und Länder, die Lärm- und Abgasprobleme, abgesehen von den Auswirkungen auf die Sozialsysteme und die Umwelt. Während CO_2-Emissionen aus den Haushalten und der Industrie seit Jahren rückläufig sind, steigen sie im Mobilitätssektor weiterhin an. Dies sind Indizien dafür, dass man – entgegen allen Zielsetzungen und Maßnahmen – die Kontrolle über die Entwicklung verloren hat.

Schon die Formulierung »Ich fahre mit dem Auto« ist eine Verdrehung der Tatsachen. Denn tatsächlich fährt das Auto – durch eine mit Treibstoff angetriebene Maschine – mit mir, und zwar nicht einmal immer dorthin, wohin ich will, sondern dorthin, wo ich einen Abstellplatz für das Auto finde, den ich in der Regel obendrein bezahlen muss. Auch den Treibstoff für das Auto muss ich kaufen.

Die Kontrolle kann auch durch noch so gut gemeinte Kurse für »Mobilitätsbeauftragte« oder geförderte »Transport Learning«-Aktivitäten offensichtlich nicht gewonnen werden. Die dem System inhärente Eigendynamik ist stärker, weil man sie nicht in den Griff bekommt, sie nicht »begreift«. Wir waren zwar in der Lage, die Geschwindigkeit der Mobilität von Personen, Gütern und Nachrichten durch ständige Beschleunigung zu erhöhen, nicht aber dazu, sie verantwortungsvoll zu beherrschen. Nicht nur die zahllosen Verkehrstoten, sondern auch die Schäden, die das Finanzsystem anrichtet, beweisen das. Über ein Jahrhundert gewachsene Sozialsysteme werden zerstört und auch die Folgen für die Umwelt und das Klima können nicht mehr geleugnet werden. Wie beim Zauberlehrling überfluten die Autos die Städte und das Land. Ganze Kulturen und wirtschaftliche Strukturen gehen in dieser Mobilität unter.

Wenn der Zusammenhang verloren geht …

… zerfällt die Struktur, die physische ebenso wie die geistige. Das System macht sich selbstständig, so wie auch das der technischen Mobilität.

Erklärungen dafür könnten sein:

- Das technische Verkehrssystem ist der Gesellschaft »passiert«, ohne dass sie darauf vorbereitet war.
- Um mit den Kräften der Maschinen ohne Hirn, angetrieben durch fossile Energie, fertigzuwerden, wurden Behauptungen aufgestellt. Diese tradierte man ungeprüft einfach weiter, sobald sie als allgemein akzeptiert galten.

- Fundierte Grundlagen standen für den Umgang mit dieser neuen technischen Mobilität nicht zur Verfügung. Man extrapolierte individuelle und historische Erfahrungen bedenkenlos auf ein bisher nicht bekanntes System, ohne etwaige Folgen in Betracht zu ziehen.
- Das Wunder der mühelos schnellen Fortbewegung erzeugte Mythen wie etwa »Wachstum der Mobilität«, »Zeitgewinn durch Geschwindigkeitserhöhung«, »Freiheit der Verkehrsmittel«. Dadurch wiederum entstanden Dogmen in der Lehre aller Verkehrsdisziplinen und der Verkehrspolitik.
- Die überzeugenden Erfolge technischer Verkehrsmittel in der und für die Industrie, die Kriegsführung und – dank billiger fossiler Energie – auch für die Menschen, die sich motorisieren konnten, ließen keine Zweifel an der Richtigkeit ihres Einsatzes aufkommen.
- Der Mensch, die »Krone der Schöpfung«, setzte hier wie in kaum einem anderen Gebiet die Evolution mit technischen Mitteln erfolgreich fort. Alles schien technisch machbar zu sein.
- Teile der »überlebenden« Wirtschaft eliminierten mit diesem Verkehrssystem mühelos ihre frühere Konkurrenz und entwickelten sich zu treibenden Kräften öffentlich finanzierter Mobilität. Die Macht der heutigen Konzerne begann mit den Eisenbahnen.
- Hatte dereinst kaum jemand auch nur ein Pferd, so verfügen in den hochmotorisierten Ländern die meisten Menschen über Hunderte von Pferdestärken zwecks bequemer individueller Fortbewegung.
- Das Mobilitätswachstum – gemeint ist die räumliche Bewegung – ist unaufhaltsam.[2]

Mit dem Erfolg stellten sich jedoch auch Probleme ein und die Automobilität begann zu stocken. Man versuchte, die Probleme zunächst »wegzubauen«, dann mithilfe der Elektronik »wegzusignalisieren«, »wegzunavigieren« und schließlich »wegzumanagen«. Dadurch ergaben sich zwar lukrative Geschäftsfelder für neue

Industriezweige und Forschungsbereiche, aber keine Lösung der Probleme.

Man kann sich heute auf dem Automonitor anschauen, dass man im Stau steckt, und bekommt Umleitungen empfohlen, die womöglich wieder in einen Stau führen. Es ist kein Wunder, dass die geistige Energie der physischen nicht folgen kann, wenn sie vor allem dafür verwendet wird, die physische noch schneller zu machen.

Man kann ja auch beispielsweise beim schnellen Laufen nicht besonders gut scharf denken. Wer sich schnell und bequem auf einem Irrweg befindet, merkt das nicht – oder zu spät. Auswege aus einem Labyrinth sind leichter zu finden, wenn man es überblicken kann, als wenn man in ihm unterwegs ist. Je schneller man sich bewegt, desto leichter verliert man den Über- und Rückblick. Wenn die geistige Mobilität der Bewegung nicht mehr folgen kann, dann kann Beschleunigen das Begreifen nicht erleichtern. Fehler lassen sich nicht beseitigen, indem man sie noch vergrößert. Doch paradoxerweise wird genau das im Verkehrswesen versucht bzw. gemacht.

Der Erkenntnisweg führt immer gegen den Entstehungsweg

Will man zu dem Punkt gelangen, an dem die geistige von der technischen Mobilität überholt wurde, so muss man den Weg von den Erscheinungsformen und Symptomen zurück zu den Ursachen finden.

Schon bei der Frage nach der richtigen Breite von Fahrstreifen für jeweilige Geschwindigkeiten musste man in jene Schichten vordringen, in denen die Evolutionswege der Krabben noch nicht von unseren getrennt waren[3], um den Mechanismus zu begreifen, der uns befähigt, ein Auto in der Spur zu halten.

Alle Strukturen des technischen Verkehrssystems sind künstlich. Sie entstanden in den Köpfen der Menschen. Dort müssen auch die Ursachen für die Probleme der heutigen Mobilität zu finden sein. Der Weg dahin führt zwangsläufig durch viele Schichten der Evolution und zu den diesen Schichten zugeordneten Disziplinen. Deren Vertreter können wichtige Orientierungshilfen liefern, die wiederum zu Verbindungen in noch tieferen Schichten führen, in denen die Ursache dieser willkommenen Verengung geistiger Mobilität möglicherweise liegt.

Begleiter auf diesem Weg sind die Evolutionstheorie und die evolutionäre Erkenntnistheorie[4] ebenso wie der notwendige kritische Abstand zu den Werkzeugen, mit denen wir die Wirklichkeit produzieren.[5]

Für die Naturwissenschaftler ist die Wirklichkeit der Inbegriff dessen, was erfahren wird. Das bedeutet, dass die naturwissenschaftliche Wirklichkeit auf Antworten beruht. Die Tatsachen entwickeln sich durch das Zugreifen des Forschers. Techniker ihrerseits greifen diese Tatsachen auf und wenden sie, leider oft ohne Kenntnis der Grenzen und Einschränkungen der Gesetze und Annahmen, an, wenn sie in die Komplexität der Welt eingreifen. Auch Folgen ihrer Handlungen liegen dann außerhalb der Reichweite ihres Begreifens.

Zunächst ist der Frage nachzugehen, ob uns die mühelose, technisch gestützte Mobilität intelligenter gemacht hat. Dass für ihre Entwicklung und Aufrechterhaltung Intelligenz notwendig war, steht außer Zweifel. Ob das jedoch ausreicht, um die Folgen der Eingriffe zu begreifen, darf bezweifelt werden. Deshalb ist der Vergleich mit einer Lebensform zweckmäßig, die als immobil gilt, wie etwa die der Pflanzen und Pilze.

Warum sind Pflanzen so erfolgreich?

Es erscheint paradox, dass Pflanzen, die ortsgebunden und somit immobil sind, in der Lage waren, sich global auszubreiten. Es ist ihnen gelungen, das Land um 100 Millionen Jahre früher zu erobern als Tiere. Sie mussten dabei eine Fülle neuer Probleme lösen, also »intelligent« handeln. Dabei haben sie sich nicht nur an unterschiedlichste Bedingungen angepasst, sondern auch die Erde und ihre Atmosphäre nachhaltig verändert – denken wir nur an den Sauerstoff, auf den wir angewiesen sind.

Wie kommt es zu der unglaublichen Artenvielfalt – es sollen zwischen 360 000 und 500 000 Arten sein –, zu ihrer erstaunlichen Flexibilität, Kooperation, Symbiose und zu dem »Einfallsreichtum« ihrer Bildungsstrategien, die wir erst beginnen zu begreifen? Pflanzen decken ihren Energiebedarf durch Licht und ihre Transportbedürfnisse durch Solarenergie und mobile Lebewesen ab. Eine Fülle von Innovationen, entwickelt und erfolgreich in die Praxis umgesetzt ohne Internet, TV und Hochgeschwindigkeitszüge. Durch ihre Leistungen konnten sie manchen Unsinn der Menschen kompensieren – bisher zumindest.

Ist Systemintelligenz das Ergebnis fehlender physischer Mobilität? Fast könnte man daran glauben, denn Pflanzen haben ja offensichtlich Zeit und Muße genug, über diese Strategien »nachzudenken«, da sie nicht gezwungen sind, aggregierten Energiepaketen nachzujagen. Auch Menschen verdanken ihre Fähigkeit zum intelligenten Handeln nicht der Fortbewegung, zu der sie fähig sind, sondern es kommt auf die geistige Mobilität an.

Erfolgreich trotz geringer physischer Mobilität

Wäre es so, wie es der Kabarettist Roland Düringer beschreibt, dass die klugen Affen auf den Bäumen blieben, während die dümmeren herunterstiegen, sich aufrichteten, vom Säbelzahntiger gesehen und gefressen wurden, gäbe es uns heute nicht.

Der aufrechte Gang war nicht nur energieaufwendig, sondern viel zu langsam und hätte die Überlebenschancen gewaltig reduziert, wäre die beschleunigte Hirnentwicklung nicht in die Bresche gesprungen, um dieses Defizit an physischer Mobilität durch geistige zu kompensieren. Man musste sich auf möglichst viele Alternativen einstellen, denn auch nur eine einzige zu übersehen, konnte das Leben kosten. Und genau diese Anforderung an die geistige Mobilität findet man in ihrer heutigen Definition: *Denken und Handeln in Alternativen.* Eine Alternative mehr bedeutet einen zusätzlichen Freiheitsgrad, und wer diesen nutzen kann, hat mehr Chancen. »Ashby's Law« taucht hier auf, was schon vor vielen Millionen Jahren notwendig war, sonst hätte es einen Ashby[6] nie gegeben.

Jene Affen, die herunterstiegen und sich aufrichteten, waren so erfolgreich, dass sie heute schon dazu übergehen, ihre (vermutlich) klügeren Verwandten auf den Bäumen aufzufressen und auszurotten – und nicht nur diese. Damals müssen sie allerdings mit größter Vorsicht von den Bäumen heruntergekommen sein, nur an Stellen, von denen sie wussten, dass ihnen dort keine unmittelbare Gefahr drohte. Ihre geistige Mobilität war so weit entwickelt, dass sie realitätsnahe Vorstellungen nicht nur über die unmittelbare Zukunft, sondern auch mögliche Alternativen zu dieser entwickeln konnten. Das Hirn als dynamisches, entwicklungs- und speicherfähiges Organ, in dem nicht nur Erfahrungen gesammelt, sondern auch bearbeitet und modifiziert genutzt werden konnten, schaffte es, die Aktivitäten in Zeit und Raum zu simulieren und zu antizipieren. Die Beobachtung der Umgebung und das Ziehen richtiger Schlüsse aus dem dynamischen Prozess gehören dazu, aber auch Empathie, d. h. das Hineinfühlen in die Situation anderer, nicht nur um Prognosen für deren Verhalten zu verbessern, sondern auch als eine der Voraussetzungen für gegenseitige Hilfe und für die Bildung von Gemeinschaften.

Es müssen also von Anfang an mehrere Menschen als nur Adam und Eva gewesen sein, die sich auf den Weg machten. Unter ihnen waren nicht nur Starke und Schnelle, sondern auch Langsame. Man musste über Generationen die Folgen vorausdenken und begreifen, dass beim Verlust der kleinsten und schwächsten Mitglieder durch kurzsichtiges Handeln die Überlebenschancen der Gruppe schwinden würden. Alternativen mussten mitbedacht werden, auch solche, für die noch kein unmittelbarer Anlass bestand. Es muss schon eine geistige Leistung gewesen sein, Höhlen zu besiedeln, um dort

Schutz zu suchen, wo bisher Gefahr drohte, d. h. das Negative ins Positive umzukehren, wozu auch der Umgang mit dem Feuer gehörte, ohne dessen Beherrschung es die technische Mobilität von heute nicht gäbe.

Geistige Mobilität und technische Erweiterungen

Werkzeuge erweiterten die Kraft und die Reichweite der Arme, wenn man mit ihnen umgehen konnte. Erfreulich mag die Entdeckung gewesen sein, dass man solche Gegenstände auch erfolgreich gegen Feinde oder Konkurrenten einsetzen konnte, gegen die man ohne diese technischen Hilfsmittel macht- und chancenlos war. Wie viele Opfer im Zuge dieses »technischen Fortschritts« als Kollateralschäden im Kreise von Familien oder Sippen zu beklagen waren, ist nicht bekannt. Aber man muss sich früh daran gewöhnt haben, Menschen als »Preis für den technischen Fortschritt« zu opfern. Einst waren es vermutlich nur Einzelne, heute erfolgt dies im großen industriellen Rahmen. Die Zahl der Opfer durch den Autoverkehr übersteigt jährlich mehrfach die Million. Es dürfte möglicherweise Jahrtausende gedauert haben, bis man die einfachsten technischen Erweiterungen der physischen Möglichkeiten wie Stöcke, Messer oder Keulen geistig so bewältigt hatte, dass es zu einem einigermaßen verantwortlichen und kultivierten Umgang damit kam. Dass dies bis heute auch immer wieder nicht gelingt, beweist die Kriminalstatistik.

Erst wenn man alle Folgewirkungen einer Handlung in ihrer Gesamtheit erkennen und bewerten kann, ist man geistig den erweiterten Eingriffen in die Umwelt verantwortlich gewachsen. Lernen kann man aus der Erfahrung, der Rückkopplung auf die Erwartungen – je direkter, desto schneller. Je weniger die Folgen auf die Verursacher zurückwirken, desto weniger ist dieser Rückschluss möglich. Dies trifft auf Eingriffe in Systeme zu, die sehr langsam reagieren oder die die Folgen aus dem Wahrnehmungshorizont sachlich oder räumlich verschieben. Der Bezug zur eigenen Handlung geht verloren. Die bedenkenlose Extrapolation über die Grenzen begreifbarer Erfahrungen hinaus ist daher grundsätzlich problematisch und kann zu unvorhersehbaren Effekten führen. Nicht beachtet wird das kaum bekannte Phänomen der Emergenz, d. h. das Auftreten neuer Eigenschaften in einem System, die in keinem seiner Einzelteile vorhanden sind.

Keine Zertifizierung[7] für den homo sapiens sapiens

Die Fähigkeit, von beobachteten Erscheinungsformen auf möglicherweise dahinterstehende Ursachen zu schließen und Hypothesen für mögliche Zusammenhänge zu konstruieren, kostet Zeit und Energie. Längerfristige Strategien stellen erhebliche Ansprüche an die Modellbildung und deren Erprobung in der Realität.

Diesbezüglich unterscheiden sich die erfolgreichen Hominini von damals nicht von den Gentechnikern und anderen Modellierern und Simulierern (d. h. Personen, die meist dynamische Prozesse in verschiedenen Modellen abbilden, nicht zu verwechseln mit Simulanten) von heute. Seinerzeit musste man die Modelle im eigenen Hirn laufen lassen und den Erfolg oder Misserfolg unmittelbar erleben. Heute laufen sie in der virtuellen Realität der Computer als erweitertes Gehirn, eine Gehirnprothese. Dabei kann es passieren, dass man den Bezug zu Realität verliert, etwa wenn im Finanzwesen Gewinne mit Schulden verwechselt werden, wenn bei der Berechnung von Signalplänen eine Stunde 6400 Sekunden ergibt oder wenn man meint, 100-Prozent-Steigung sei senkrecht. In der Natur wären solche Fehler meist tödlich. Auch in einer menschlichen Gesellschaft, die dem, was passiert, geistig nicht mehr folgen kann, werden sie zur Bedrohung. Wird man dafür allerdings belohnt und geachtet, gibt es keinen Grund, das Verhalten zu ändern. Kommt dazu noch der Glaube, man unterscheide sich durch diese technischen Gerätschaften noch deutlicher von den Affen, hat sich der Blick schon sehr verengt. Angesichts der heutigen Eingriffe weit über das menschliche Fassungsvermögen hinaus, wird Düringers Hypothese immer wahrscheinlicher.

Wer sich selbst Homo sapiens sapiens nennt, sich somit als »besonders weiser, kluger Mensch« bezeichnet, sollte auch fair genug sein, sich dieses Attribut von anderen Lebewesen bestätigen zu lassen. Die Zertifizierung seitens einer solchen neutralen Stelle von außen fehlt jedoch bisher. Die Erfüllung der Qualitätsmanagementnorm steht noch aus. So wie die Menschen heute miteinander, mit anderen Geschöpfen und mit den Lebensgrundlagen umgehen, ist zu vermuten, dass sie sie ohnehin nicht erreichen. Die geistige Mobilität hinkt der Eingriffstiefe und -geschwindigkeit, die das Hirn mit seinen technischen und industriellen Extremitäten heute erzielt, nach wie nie zuvor.

Vielleicht hätten unsere frühesten Vorfahren eine Zertifizierung geschafft, als die Eingriffe in die Welt noch überschaubar, die Folgen noch unmittelbar, die Veränderungen noch so langsam waren, dass man Gelegenheit hatte, aus Fehlern zu lernen. Die Werkzeuge waren so einfach, dass man begriff, was man tat. Es war eine Zeit, in der die geistige Mobilität mit der physischen noch Schritt halten konnte. Wir haben eine sehr gut entwickelte Vorstellung von der Gefahr vertikaler Beschleunigung. Wer den Sturz von Bäumen oder Klippen überlebte, konnte aus der Erfahrung der mechanischen Wirkungen lernen, diese Erfahrung auch weitergeben und dadurch das Wandern auf dem schmalen Grat zwischen Vorsicht und Risiko erleichtern. Die Einsicht in den Vorgang, der zu dieser schmerzhaften Erfahrung führte, konnte die Zusammenhänge erklären. Erklärungen wiederum schaffen die Voraussetzung für Vorhersagen und damit die Grundlage für bewusstes Handeln an der Grenze der bisherigen Wahrnehmung und Erfahrung. Man betrachtete die Dinge anders; die Anschauungselemente, aus denen eine neue Wirklichkeit konstruiert wird, änderten sich. Ändern sich die Verhältnisse jedoch zu schnell, versagt das Hirn, wenn der Input zu spät kommt, irreführend ist oder fehlt – sei es auch noch so hoch entwickelt.

Kinetische Energie (Bewegungsenergie) ist nicht richtungsgebunden. Mit hohen Geschwindigkeiten und Beschleunigung in horizontaler Richtung haben die Menschen keine Erfahrungen, was Diskussionen um die Einführung der Gurtenpflicht bewiesen haben: Autofahrerclubs waren dagegen, weil sie das Angurten als eine unzulässige Einschränkung der Freiheit betrachteten. Ein bekannter Universitätsprofessor der Rechtswissenschaften verteidigte ihre Argumente in einer öffentlichen Diskussion, der ich beiwohnte. Ein Argument nach dem anderen konnte widerlegt werden, sodass der Verteidiger schließlich einräumte, im Freiland sei die Gutenpflicht vertretbar, nicht aber in Ortsgebieten mit Tempolimit 50 km/h. »Bei diesem Tempo kann man sich ja im Falle eines Aufpralls noch mit den Armen abstützen«, so seine Begründung. Als ich ihn daraufhin aufforderte, kopfüber vom Tisch zu springen und sich mit den Armen abzustützen, bezeichnet er meinen Vorschlag als »Verleitung zur Selbstverletzung«, obwohl die Geschwindigkeit weniger als 10 km/h betragen hätte. Tausende nicht angeschnallte Autoinsassen mussten sterben, weil die geistige Mobilität der Automobilität nicht folgen konnte.

Macht und Mobilität

Selbst mit guter Absicht eingesetzte Macht kann das Gegenteil bewirken, wenn man die Folgen nicht begreifen kann. Das eben erwähnte Beispiel zeigt, dass für die in der technischen Mobilität möglichen Eingriffe die gute Absicht nicht genügt, um auch zu einem guten Ergebnis zu kommen.

Ein verantwortlicher Umgang mit Macht ist nur möglich, wenn man die Folgen begreifen kann, wenn also die Verantwortung mindestens so weit reicht wie die Tiefe des Eingriffs. Technische Beschleunigung führte nicht nur im Autoverkehr zu mehr Macht, sondern auch in der Wirtschaft. So konnten Wirtschaftsstrukturen entstehen, deren Reichweite und Macht die Grenzen demokratischer Gebietskörperschaften überschreiten, ohne eine der Macht entsprechende Verantwortung und Verpflichtung gegenüber der Allgemeinheit zu tragen, sondern ausschließlich zugunsten der eigenen Gewinne. Konzerne haben die einstigen Grenzen ihrer Aufgaben zum Wohle der Gemeinschaft durch die Macht der Eisenbahnen und des Kapitals gesprengt, sich von ihren gesellschaftlichen Pflichten befreit, sich aber mithilfe gerissener Anwälte und korrupter Richter Rechte physischer Personen angeeignet.[8] Diese Kunstgebilde sind der geistigen Begreifbarkeit der Verantwortlichen entkommen und zerstören zunehmend alles, was sich ihnen in den Weg stellt. Sie sind ein Thema der Mobilität, insbesondere des Geldes.

Geld als unverstandene Energieform wurde zum einzigen Ziel der Politik, sein eigenes Wachstum ohne Rücksicht auf die Folgen zu fördern. Geld, also Energie, ist Mittel – und niemals Zweck – jeden Handelns. Der Begreifbarkeit entglitten, wurde so die Politik auf eine einzige Maßzahl, das Bruttonationalprodukt (BNP), reduziert. Sie wurde zur Sklavin des Finanzkapitals, einer flüchtigen Größe, die sich des schnellsten Verkehrssystems, der elektronischen Medien, bedient, um sich jeder Verantwortung zu entziehen. Das Festhalten an diesem kriminellen Unsinn ist ein Beweis für das Nachhinken der geistigen gegenüber der technisch möglichen Mobilität. Staatsmacht endet an den Staatsgrenzen, die freie Mobilität des Finanzkapitals nicht. Wer wen dominiert, ist offensichtlich.

Für die Politik ist die Reduktion auf das BNP bequem. Sie kann ihren wahren Verpflichtungen, den Menschen ein gutes Leben zu ermöglichen, entkommen. Beherrscht das Kapital die Medien, so kontrolliert es das wichtigste Verkehrssystem, den Nachrichtenverkehr, und beeinflusst damit die geistige Mobilität der Massen. Hält man die Menschen in Bewegung, haben sie nicht die Muße zu reflektieren und zu erkennen, was um sie herum und mit ihnen passiert. Angst verengt den Blick und erleichtert dadurch die Raubzüge. Wer das abstrakte BNP für das einzige Ziel des Lebens hält, wird blind für die Realität der Welt. Grundbesitzer werden ohne jede Leistung über Nacht zu Milliardären, wenn in der Nähe ihrer Grundstücke eine U-Bahnstation eröffnet wird. In Wien wurde errechnet, dass die Milliardeninvestitionen in U-Bahnen in gleicher Höhe in die privaten Taschen fließen.

Und da soll noch jemand behaupten, die Verwaltungen und die Politik handeln verantwortlich!

Die Möglichkeiten geistiger Mobilität

Für die geistige Mobilität bringen wir bei der Geburt ideale Voraussetzungen mit und auch die Fähigkeit, sie weiterzuentwickeln. In der ersten Lebensphase haben die Bezugsperson und das Umfeld eine prägende Rolle. Defizite der geistigen Entwicklung aus dieser sensiblen Phase können später kaum mehr ausgeglichen werden, wie etwa Studien an vernachlässigten Waisenkindern gezeigt haben. Während die körperlichen Nachteile dieser Kinder, die zu Pflegefamilien kamen, nach relativ kurzer Zeit beseitigt waren, konnten die geistigen Defizite, insbesondere die sprachlichen, nicht mehr ausgeglichen werden.[9]

Mobilitätsbedingungen spielen in der Entwicklung eine entscheidende Rolle. Der Aktionsradius erweitert sich mit zunehmendem Alter – vom Zuhause hinaus in die nähere und dann die weitere Umgebung. Er formt die Entwicklung. Das war die meiste Zeit in der Menschheitsgeschichte schon genauso. Im öffentlichen, von der Gesellschaft kontrollierten Raum lernte man die Abstimmung von physischer und geistiger Mobilität durch den »Verkehr« miteinander und mit der Umwelt. Grenzen wurden ausgelotet, der Umgang mit den Strukturen erlernt. Die soziale Segregation kann so durch räumliche Integration gemildert werden. Die Beziehung zwischen geistiger Mobilität und den Wirkungen unbedachter physischer Mobilität kann man in dieser frühen Lebensphase meist noch in einem relativ geschützten Bereich mit absehbaren Folgen verstehen lernen. Greifen Fernsehen und elektronische Medien, zentrale Aspekte des heutigen Verkehrssystems, schon im Baby- bzw. Kleinkindalter in die Gestaltung und Entwicklung der geistigen Mobilität ein, so erhält diese eine andere Formung.

Der »Bildungsweg« durch die Schulen sollte dann die Anlagen für die geistige Mobilität voll zur Entfaltung bringen, ein Ideal, das schon an den Strukturen, die ihn begleiten, scheitert, wenn 71 % der Kinder aus Akademikerfamilien den Sprung auf die Universitäten schaffen, aber nur 24 % aus Nichtakademikerhaushalten.[10] Bildung, heute meist zur Ausbildung verkommen, hat weniger die Persönlichkeitsbildung als die spätere Eingliederung in eine »Corporate Identity« zum Ziel. Wie der Name schon sagt, ist es dann »aus mit der Bildung«, und dafür bekommt man ein Reifezeugnis, mit dem man eine erfolgreiche Formung der geistigen Mobilität nachweist. Und damit sind wir schon beim nächsten Thema.

Das Problem: Geistige Mobilität ist beeinflussbar

Für die Entwicklung geistiger Mobilität bringen wir bei der Geburt auch den Drang mit, diese zu erweitern, indem wir Fragen stellen. Statt Antworten zu bekommen, erfahren wir, dass Fragen auch dumm sein können. Es können Jahrzehnte vergehen, bis wir begreifen, dass das nur auf Antworten zutrifft. Dann ist es aber oft schon zu spät. Die Erwachsenen hatten einfach entweder keine Antworten oder keine Zeit oder sie waren nicht da, sondern anderswo mobil.

Um Zeit zu sparen, braucht man immer schnellere Verkehrssysteme und gibt dafür immer mehr Geld aus: 15 % der Haushaltsausgaben für das Auto, 10,7 % für Kinder und 0,3 %[11] für die Bildung. Automobilität zu geistiger Mobilität steht bei den Ausgaben also im Verhältnis 50:1. Das erklärt vieles.

Eltern ist das Auto wichtiger als ihre Kinder. In unserer Zeit der schnellen Verkehrsmittel haben sie auch weniger Zeit für ihre Kinder, dafür arbeiten sie etliche Wochen pro Jahr für ihr Auto. Das erhöht das Bruttonationalprodukt (BNP), wohingegen die Zeit, die sie ihren Kindern widmen, keinen Beitrag leistet und daher wertlos ist. Schon wertvoller sind bezahlte »Ablagestellen«, Kinderkrippen für Babys, weil sie den Eltern die Möglichkeit geben, sich so schnell wie möglich wieder in den »Arbeitsprozess einzugliedern«. Das wird als sozialer Fortschritt bezeichnet, obwohl es fast immer der Beginn einer meist lebenslangen Käfighaltung ist.

Der nächste Bildungsschritt erfolgt in Kindergärten, die außer dem Namen meist nichts mit einem Garten gemein haben, sondern geschlossene Räume sind, geschützt vor den Gefahren der Automobilität. Heute gibt es diese flächendeckend auch auf dem Land. So lernt man von Kindesbeinen an die Freiheit der Autos zu respektieren. Die geistige Freiheit wird systemgerecht so zugeschnitten, dass Autofreiheit, Lärm und Abgase wichtiger sind als Menschenwürde und Gesundheit. Dafür sorgen auch die Straßenverkehrsgesetze und die Verkehrserziehung. Dort lernt man nicht, wie man kultiviert miteinander verkehrt, sondern wie man sich autogerecht im öffentlichen Raum zu bewegen hat. Diese Mobilitätsprägung wird auch in den Schulen nicht infrage gestellt, sondern auf den Schulwegen täglich erlebt und geübt. Dieses Wertesystem wird durch das Verhalten der Eltern und Lehrer, die üblicherweise mit dem Auto »mobil« sind, bestätigt und verstärkt. Alternativvorschläge für eine autofreie Umwelt mit Bäumen und Blumen statt Parkplätzen gibt es nur auf Zeichnungen von Kindern, die so ihre Wünsche zum Ausdruck bringen. Die braucht man aber nicht ernst zu nehmen.

Menschen mit gut entwickelter geistiger Mobilität sind keine Garanten für die Steigerung der Konzerngewinne und haben möglicherweise auch Zweifel, dass das höchste Ziel der Gesellschaft immerwährendes Wachstum des BNP sei. Man muss daher die geistige Mobilität beizeiten zurechtrichten. Mit der Strategie, über Fachhochschulen die Universitäten auszuhebeln, in denen sich immer noch vereinzelt zähe Verteidiger der Bildung aufhalten, dringen Großindustrie und Konzerne dank ihrer Macht in das ehemalige Bildungssystem ein und vereinnahmen es auf Kosten der Allgemeinheit für ihre Interessen: eine zwar einfallslose, aber wirksame Methode, die schon im technischen Verkehrssystem erfolgreich ist, wo die Bürger die Wegekosten des Lkw-Verkehrs übernommen haben. Wer intelligent ist, wird sich diesen Systembedingungen anpassen, will er Karriere machen, denn Alternativen gibt es immer weniger. Wem nicht mehr auffällt, dass Lebensalternativen fehlen, ist geistig so befriedigt, dass ihm die physische, räumliche Mobilität als einzige denkbare Dimension von Freiheit erscheint – was sich in den Haushaltsausgaben widerspiegelt und was man etwa auch am Nordic Walking sehen kann.

Fachausbildung ist eine Spezialisierung auch des Denkens in vorgegebenen Bahnen und klar definierten Feldern. An sich wäre dies unproblematisch und ist letztlich auch unvermeidbar, würde dabei nicht der Zusammenhang mit der Realität so weit verloren gehen, dass man nicht mehr merkt, in welche Systeme man schließlich eingreift und in welche man geraten ist. Ethik wäre hier angebracht, wofür man aber viel Erfahrung braucht, was wiederum Zeit braucht, die man heute nicht mehr hat. Damit geht die Verantwortung für die Grenzen und Folgen des eigenen Handelns schnell verloren. Gefährdet dadurch sind technische Disziplinen, aber nicht nur diese.

Selbst für die Naturwissenschaften wird nach einem langen, kritiklosen Siegeszug die ethische Frage dringender, ob die geistige Mobilität mit ihren Erkenntnissen noch verantwortlich Schritt halten kann. Eine Lawine loszutreten und sich an ihrer Dynamik zu erfreuen, ist wesentlich leichter, als die Folgen dieser Lawine im Gesamtzusammenhang zu verstehen und zu verantworten. Zu meinen, dafür wären andere zuständig, ist eine unzulässige Ausrede. Es ist der Beweis für die freiwillige Einschränkung geistiger Mobilität. Genau diese muss man aber nachweisen, und wer sich hier besonders bewährt, hat die besten Chancen, in seinem Fachgebiet Karriere zu machen und zu den höchsten akademischen Ehren aufzusteigen. Es ist für die Kollegen immer beruhigend, zu wissen, dass andere nicht über ihre Fachgrenzen hinaus denken oder gar agieren. Entgegen aller politischen Beteuerungen zu »Inter- oder Multidisziplinarität« kann man sich in der heutigen Forschungs- und Wissenschaftslandschaft damit keine Meriten erwerben. Die fachliche Mobilität ist durch strenge fachliche Grenzen und durch die Abhängigkeit von Fördermitteln mehr denn je eingeschränkt.

Meinungsethik statt Verantwortungsethik

Meinungsethik toleriert man nur bei Kleinkindern oder bei kognitiv beeinträchtigten Menschen, die Handlungen setzen, deren Folgen sie nicht begreifen können. Unbeabsichtigte negative Folgen werden toleriert, wenn sie gut gemeint waren, weil man ihre Eingriffsmöglichkeiten, also Befugnisse, begrenzt. Damit schützt man nicht nur sie, sondern auch die Gesellschaft vor unabsehbaren Folgen. Man überträgt ihnen deshalb auch keine Aufgaben, die den Horizont ihres Begreifens überschreiten. Voraussetzung für eine verantwortungsvolle Entscheidung ist die Kenntnis ihrer Folgewirkungen. Voraussetzung dafür ist das Vorauseilen der geistigen Mobilität über die Grenzen der beabsichtigen Eingriffe, die weit über geschriebene Gesetze oder technische Richtlinien hinausgehen: das Gebiet der Verantwortungsethik.

Unerlaubterweise beanspruchen jedoch bis heute Experten ebenso wie Wissenschaftler und Entscheidungsträger das Recht auf Meinungsethik, auch wenn die verheerenden Folgen ihrer Handlungen vorhersehbar sind, indem sie sich auf Freiheiten und Kompetenzen für ihre Eingriffe berufen – die sie nicht haben –, oder sie lassen sich dazu missbrauchen. Dazu braucht man Macht. Macht ist eine Kategorie der causa efficiens (Wirkursache), zu der auch Geld gehört. Wer Macht hat, macht, dass andere das machen, was er will. Er braucht sich nicht zu verändern und auch nicht zu bewegen – er mobilisiert andere. Mächtige sind auch im Krieg nie an der Front. Arroganz und Ignoranz sind siamesische Zwillinge, die im Umfeld jeder Macht besonders gut gedeihen.

In den 1950er-Jahren galt die Nuklearenergie als saubere, sichere und unerschöpfliche Energiequelle der Zukunft. Die Katastrophen von Three Mile Island, Tschernobyl und Fukushima liefern den Gegenbeweis, den die in der Zwischenzeit mächtige Nuklearindustrie nicht zur Kenntnis nehmen will. Sachzwänge, die beliebteste Ausrede unfähiger Politiker und der zu ihnen passenden Berater, beweisen deren geistige Immobilität. Der Unterschied zwischen den Waffenlieferungen an Stammeskrieger, um an die Ressourcen einer Region zu kommen, und den Geldflüssen an Forschungseinrichtungen, um Lobbyinteressen zu dienen, ist nur graduell. Im ersten Fall geächtet, im zweiten geachtet. Je weniger geistig mobil, desto abhängiger von vorgegebenen »Programmen«, außerhalb derer heute keine Forschungsmittel mehr fließen dürfen. Es ist nicht die Absicht dieser Forscher, der Menschheit zu schaden. Doch die Verantwortungslosigkeit der Meinungsethik, auf die sie sich berufen, führt dazu, dass sie die Folgen ihrer Tätigkeit nicht bedenken und die definierten »Grenzen ihres Faches« überschreiten. Selbst Chemiker, die vorwiegend »nur« auf der Ebene der Moleküle arbeiten, schätzten die Folgen der FCKW, die heute die Ozonschicht zerstören, falsch ein. Wir stoßen hier auf ein viel tiefer liegendes Phänomen unserer Zeit, das in Wirklichkeit eines der Neuzeit ist: die »unbegrenzte Freiheit der Wissenschaft bei sehr begrenzter Verantwortung«.

Die Volksweisheit »Wer nicht hören will, muss fühlen« bringt diesen Sachverhalt auf den Punkt. Brueghels Bild »Ein Blinder führt die Blinden« zeigt anschaulich die Folgen fehlender Voraussicht. Betritt man Neuland, wäre bei Eingriffen Vorsicht geboten, um zu vermeiden, dass unbeabsichtigte Folgen früher eintreten, als man sie begreifen kann. Erfahrene Füchse tappen selten in eine Falle, auch wenn der Köder noch so verlockend ist – ganze Gesellschaften hingegen schon, etwa wenn Autos die Köder sind.

Symptombehandlung oder Ursachentherapie

Die Medizin hat im Laufe ihrer Geschichte die Behandlungsmethoden verändert, teils aus eigener Einsicht, teils im Zuge technisch-naturwissenschaftlicher Fortschritte. Die Irrtümer, Pest würde durch die Luft übertragen, Cholera oder Kindbettfieber seien Schicksal, »schlechtes Blut« die Ursache der Krankheit, führten zu Symptomtherapien mit oft fatalen Folgen. Die Fehler wurden selten durch die fachlichen Kapazitäten, sondern von selbstkritischen Medizinern erkannt und beseitigt. Echter Fortschritt findet in der Regel nicht im Mainstream der wissenschaftlichen Community statt, denn diese ist vor allem um die Festigung ihrer Position bemüht. Dabei entwickelt sie eine beachtliche Resistenz gegenüber wissenschaftlichen Erkenntnissen, selbst auf Kosten von Menschenleben.

Kaum ein anderes Gebiet hat so viele Opfer zu beklagen wie die Automobilität. Trotz aller technischen Fortschritte werden weltweit jährlich 1,3 Millionen Menschen bei Verkehrsunfällen getötet, über vier Millionen Menschen müssen frühzeitig an den Folgen der Abgase sterben. Anstatt die Ursachen dieses Blutzolls aufzufinden, wird alles getan, dem Autoverkehr noch mehr Möglichkeiten einzuräumen. Wie beim Aderlass schneiden Verkehrs- und Stadtplaner mit Autobahnen in die Organismen der Städte, um den freien Fluss des Autoverkehrs herzustellen, ohne zu erkennen, wie diese ausbluten, oder sie schneiden durch Ortsumfahrungen die lokalen Geschäfte von ihren Kunden ab. So wie einst das Wissen über den Organismus des Menschen nicht vorhanden war, so wenig versteht man heute das soziale und wirtschaftliche Gebilde der menschlichen Siedlungen.

Verantwortungslose Eingriffe in Systeme über die Grenzen des Begreifens hinaus, angetrieben vom Geld der Mächtigen, sind heute gängige Praxis. Es geht dabei nicht mehr um das Erkennen und Verstehen, sondern nur mehr um die Behandlung von Erscheinungsformen, von Symptomen. Die räumliche Mobilität bietet dafür ein weites Feld, auf dem sich viele Disziplinen mehr oder weniger zusammenhanglos um die ausgestreuten Forschungsgelder balgen, fernab der Komplexität der menschlichen Gesellschaft in ihrem selbst geschaffenen künstlichen Umfeld.

Was Menschen bewegt?

Die übliche Antwort auf diese Frage sind Verkehrsmittel, Autos, Eisenbahnen, Flugzeuge, Fahrräder: die eindrucksvollen Erscheinungsformen der Fortbewegung. Die eigenen Beine kommen kaum noch ins Bewusstsein. Was Menschen bewegt, sind aber meist ganz andere Dinge, die mit Transportsystemen wenig bis gar nichts zu tun haben.

Es sind immer innere Beweggründe, die nach außen hin sichtbar werden können. Die Ursachen sind Potenzialunterschiede, ohne die keine Bewegung stattfindet, weder innen noch außen. Ein selbstzufriedener Mensch in einem erfüllenden Umfeld wäre sozusagen im Paradies. Das bedeutet nicht, dass er bewegungslos ist, seine Mobilität ist freiwillig, zu seinem Vergnügen, ohne Zwang. Lebende Systeme sind auf Potenziale angewiesen und brauchen den ständigen Zufluss von Energie und Ressourcen. Sind diese am Ort vorhanden, spart man sich den Mobilitätsaufwand. Das homöostatische[12] oder Fließgleichgewicht hat ebenfalls mit Mobilität zu tun. Was passiert, hängt vom inneren Zustand und vom äußeren Milieu ab.

Gefühle, Bedürfnisse oder Reize sind diese Potenzialunterschiede. Darauf kann man unterschiedlich reagieren. Machen sich Durst oder Hunger bemerkbar, kommt man in Bewegung. Wer hier vorausschauend plant und sich rechtzeitig und ausreichend mit Flüssigkeit und Lebensmitteln versorgt hat, wird sich längere Wege mit möglicherweise höherem Risiko, weil zur Unzeit, sparen. Wer rechtzeitig vorsorgt, wie die Ameise in der Fabel mit der kurzsichtig denkenden Grille, vermeidet beides. Geistige Mobilität, richtig eingesetzt, spart nicht nur Energie, sondern vermeidet auch Risiken physischer Zwangsmobilität. Man kann sich auf diesen Leistungen »ausruhen«. Manche Tiere und die meisten Pflanzen haben diese Fähigkeiten so weit entwickelt, dass sie auch lange lebensfeindliche Perioden im wahrsten Sinn des Wortes »ruhig überdauern« können.

Wird das seelische Gleichgewicht gestört, kann man versuchen, es – auch ohne physisch mobil zu sein – wieder ins Lot zu bringen. Dazu ist aber ein erhebliches Maß an geistiger Mobilität und Zeit erforderlich. Das ist leichter, wenn in dieser kritischen Phase von außen keine Anstöße mit falschen Versprechungen kommen. Genau da setzt das Verkehrssystem mit den heutigen Möglichkeiten nahezu unkontrolliert penetrierender Werbebotschaften an, deren Ziel darin besteht, das Geld oder die Macht im Interesse der jeweiligen Auftraggeber zu mobilisieren. Ihre Auftraggeber sind Konzerne, die Industrie und die Politik oder ihr »Verbundsystem«. Wo keine Not oder Angst herrscht, muss sie daher erzeugt werden, um die Menschen zu mobilisieren. Die globalen Ströme der Touristenmobilität sind der sichtbare Ausdruck der Erlebnisarmut ihrer Quellen und des Erfolges der Tourismuswerbung, eine beliebte und begehrte Form des Fremdenverkehrs. Liegen dessen Ursprünge jedoch in materieller Not oder tödlicher Bedrohung, so spricht man von Flüchtlingsströmen. Flieht man aus der Monotonie und der Tristesse technischer Umwelt in naturnahe Reservate, dann ist das legitim und erwünscht, nicht hingegen, wenn man sein Leben retten will. Es kommt im »Fremdenverkehr« nicht auf die Menschen an, sondern auf deren Geld. Ist man geistig mobil, kann man sich manche Wege und Geldausgaben ersparen, beseitigt man die Not am Ort selber. Denn andere haben daran kein Interesse, eher am Gegenteil.

Sein – Haben – Tun – Interagieren

Manfred Max-Neef[13] hat aus der Fülle beobachtbarer menschlicher Bedürfnisse vier Begriffe als Grundbedürfnisse definiert: Sein, Haben, Tun, Interagieren. Diese zu befriedigen, verlangt geistige Mobilität. Es ist leichter, sie zu verletzen oder zu zerstören.

Man kennt außerdem fünf Arten von »Bedürfnisbefriedigern«: zerstörende, Pseudo-, hemmende, singuläre und synergetische »Satisfyer«. In allen spielt die räumliche Mobilität eine Rolle.

- Zerstörende oder verletzende Satisfyer haben die paradoxe Eigenschaft, dass sie unter dem Vorwand, ein Bedürfnis zu befriedigen, dieses nicht nur zerstören, sondern auch die ausreichende Befriedigung anderer Bedürfnisse verunmöglichen. Die Bedürfnisse nach Schutz und Sicherheit spielen als Vorwand eine zentrale Rolle. Wettrüsten, Verbannung, nationale Sicherheit, Zensur, Bürokratie und Autorität sind die gängigsten dieser gefährlichen Bedürfnisbefriediger. Schutz und Sicherheit sind zentrale

Bedürfnisse jeder physischen Mobilität und deshalb ein weites Gebiet für solche Satisfyer.

- Pseudo-Satisfyer täuschen die Befriedigung eines Bedürfnisses vor. Obwohl sie nicht die Aggressivität zerstörender oder verletzender Befriediger aufweisen, können sie mittelfristig die Möglichkeit zunichtemachen, das Bedürfnis zu befriedigen, das ursprünglich vorhanden war. Schutz, Identität, Anteilnahme, Verständnis, Zuneigung und auch Wissenschaft sind ihre beliebtesten Gebiete, »Medizin für jedes Leid« (»a pill for every ill«), Statussymbole, formale Demokratie, gesamtwirtschaftlicher Indikator, Prostitution und Erforschung der Ressourcen gehören dazu.
- Hemmende Befriediger gefährden durch die Art und Weise, wie sie einen wichtigen Bedarf befriedigen (»Überbefriedigung«), die Möglichkeit, andere Bedürfnisse zu befriedigen. Schutz, Verständnis, Freiheit und Muße sind ihre Bedürfnisfelder. Patriotismus, autoritäre Schulen, grenzenlose Toleranz, besessener Wettbewerb und kommerzielles Fernsehen sind die häufigsten dieser hemmenden Satisfyer, die Verständnis, Anteilnahme, Freiheiten, Kreativität, Schutz und Identität behindern.
- Singuläre Satisfyer befriedigen ein Bedürfnis, verhalten sich aber neutral gegenüber anderen Bedürfnissen. Schutz, Anteilnahme, Identität, Zuneigung, Muße und Subsistenz etwa werden durch ein Berufsheer, Wahlen, Nationalität, Geschenke, sportliche Wettkämpfe oder Versorgung mit Lebensmitteln befriedigt.
- Synergetische Satisfyer stimulieren dadurch, wie sie ein wichtiges Bedürfnis befriedigen, auch die Möglichkeiten, andere Bedürfnisse zu befriedigen. Allgemeinbildung, selbstständiges Arbeiten, direkte Demokratie, demokratische Handelsbündnisse, Basismedizin (»barefoot medicine«), Vorsorgemedizin, Stillen der Kleinkinder, selbstständiger Hausbau, Lernspiele, Besinnung und Kulturgestaltung gehören dazu. In diesen Satisfyern werden alle vier Grundbedürfnisse angesprochen.

Mit Wilhelm Busch auf den Punkt gebracht: »Das Gute, dieser Satz steht fest, ist stets das Böse, das man lässt.« Das setzt allerdings auch voraus, dass man weiß, was gut und was böse ist.

Subventionierte Mobilität

Der örtlichen Not durch physische äußere Mobilität entkommen zu wollen, wird jedoch dann zum Problem, wenn man die Kosten dafür selber tragen muss. Man wird nach Alternativen suchen und sich der geistigen Mobilität besinnen.

Geistige Mobilität kam zum Ausdruck durch die sozialen, ökologischen und technischen Leistungen der Menschen, sich in Dörfern und Städten friedlich anzusiedeln und die Umwelt abwechslungsreich, lebenswert und schön zu gestalten. Das technische Verkehrswesen befreite sie stufenweise auch aus diesem Zwang. Räumliche Mobilität, einst Last und Risiko, wurde durch Eisenbahnen erleichtert und durch Autos zum Vergnügen. Müsste jeder Verkehrsträger seine Kosten einschließlich der Folgekosten selbst tragen, gäbe es den massenhaften Autoverkehr nicht.

Die Macht des Geldes beherrscht auch die Mobilität, in der das Auto dominiert, weil es von allen Verkehrsmitteln am meisten subventioniert wird und man für das Auto die Prinzipien der Markwirtschaft außer Kraft setzt. 500 bis 2000 Euro müsste man für einen Oberflächenparkplatz in der Stadt pro Monat zahlen, rechnet man die Mieten auf die Fläche um. Diesen Betrag schenken die Kommunen jedem Autofahrer und kürzen gleichzeitig die Sozialleistungen und die Bildungsausgaben. Weniger als 10 % bezahlen die Schwerfahrzeuge mit ihren Steuern und Abgaben an ihren Gesamtkosten für die Gesellschaft. Aber das Auto, ein Industrieprodukt, ist gut für die Konzerne. Einkaufzentren machen ihre Geschäfte auf Kosten der Allgemeinheit, die ihnen die Verkehrsinfrastruktur auf Kosten der Bürger zur Verfügung stellt. Dafür ruinieren sie die lokalen Geschäfte, die lokale Wirtschaft und deren Arbeitsplätze. Prof. Jansson[14] hat in Bezug auf Schweden berechnet, dass allein die Unfallkosten – den Autofahrern angerechnet – niemals einen Autoverkehr in der Stadt ermöglicht hätten. Dabei müssten Fußgänger und Radfahrer allein aus Sicherheitsgründen subventioniert, für ihre Mobilitätsform bezahlt werden. In einem fairen Wettbewerb, wie in der Evolution, hätte daher das Auto als

Massenverkehrsmittel gegen die nicht motorisierten Verkehrsteilnehmer keine Chance. Seine Macht im heutigen Mobilitätssystem ist ein weiterer Beweis dafür, dass dies gegen die Evolution angelegt ist und allein aus diesem Grund keine Zukunft haben kann. Es wird nur durch eine maßlose Subvention auf dem Rücken der Bürger – insbesondere der zukünftigen Generationen – erhalten, eine Folge seiner überzeugenden kurzfristigen Wirkungen. Man kommt selbst unmittelbar in den Genuss der Vorteile, die Folgen tragen andere, die schleichenden, mittelbaren merkt man zunächst nicht. Wozu die geistige Mobilität weiter strapazieren, wenn man die Probleme durch Hin- und Herfahren bequemer lösen kann?

Ein weites Feld für schlechten Städtebau und miserable Architektur öffnet sich. So wird Automobilität zum alternativlosen Zwang für viele. Kein Wunder, dass man keine Kosten scheut. Die heute dominierende Mobilität der maßlosen Energie- und Geldvergeudung ist auf dem Weg der Degeneration durch beschleunigte Entropie, das Maß für die Unordnung, gegen den Vektor des Lebens gerichtet. Deshalb erhält sie auch so viele Parasiten im Bauwesen, in den Banken, der Forschung, den Energieversorgern, der Elektronikindustrie, dem Städtebau – um nur einige Beispiele zu nennen. Dieser Weg ist der Evolution entgegengesetzt.

Es gibt Alternativen

Äußeren Verlockungen kann man entweder spontan nachkommen oder sich mit ihnen auseinandersetzen, Vor- und Nachteile, Chancen und Risiken abwägen, Alternativen suchen und finden. Manche Verheißung wird sich so in Luft auflösen.

Diese Form der Bewältigung vorhandener oder erzeugter Potenzialdifferenzen setzt ein gerüttelt Maß an geistiger Mobilität voraus und braucht Zeit, Muße und Energie. Das Hirn, unser evolutionsgeschichtlich gesehen jüngstes Organ, der Neocortex, also die Großhirnrinde, ist langsam und schwerfällig. Er braucht Unmengen an Energie, 20 bis 30 % des aufgenommenen Sauerstoffes, bei nur 1,5 bis 2 % der Körpermasse. Das Herz benötigt im Ruhezustand nur etwa 8 %. Die Verlockung, statt geistiger Energie die Muskelenergie einzusetzen, ist daher um ein Vielfaches höher und nahezu unwiderstehlich, wenn man auf die enorme Energie von Motoren zurückgreifen kann. Hinzu kommt, dass die innere Verrechnung nicht linear, sondern logarithmisch oder exponentiell, mit negativen oder positiven Vorzeichen erfolgt. Gegen unangenehme Erfahrungen haben wir eine wirksame, exponentiell steigende Abneigung – und umgekehrt.

Ebenso sind die Informationsfallen der Werbung, der Lobbys und der Politik – und unseres Mobilitätssystems – so konzipiert, dass sie scheinbar keine Alternativen zulassen. Die unmittelbaren Vorteile werden betont, die mittelbaren Folgen hingegen verborgen oder unterschlagen. So funktioniert das schon bei der Eigenbewegung: Pro Kilometer beim Laufen benötigen wir weniger Energie als zum Gehen. Trotzdem sieht man die Menschen nicht im Laufschritt durch die Gegend hetzen, weil sie den Energieverbrauch unmittelbar empfinden und nicht pro Kilometer. Das Auto ist vermutlich die perfekteste Falle von allen, weil es mit Bequemlichkeit lockt, auf längere Sicht jedoch manche Erwartungen enttäuscht. Das mag jedem schon gedämmert haben, der schon mal längere Zeit im Stau sitzen musste.

Wilhelm Buschs Satz »Erstens kommt es anders und zweitens als man denkt« stößt uns wieder einmal mit der Nase auf das, was mit geistiger Mobilität gemeint ist. Damit man die Falle nicht merkt, bekommen Autofahrer auch in solchen Situationen jeden erdenklichen Zuspruch von Seiten der Rundfunkanstalten.

Zum aufrechten Gang

Die evolutionäre Entwicklung der Mobilität – von der Torpedoform im Wasser zu der Brückenform der Kriechtiere, den labilen, erdgebundenen Bewegungsformen der Vögel und ihrer eleganten Lösung in der Luft zum auf zwei Beinen gehenden, wassergefüllten

Pfahl – muss Lebensvorteile gebracht haben, die nicht in der physischen Mobilität liegen. Es war die exponentielle Konzentration immer größerer Anteile der Körpernerven in unmittelbarer Nähe zueinander in einem Organ, dem Hirn.

In den vergangenen 400 Millionen Jahren stiegen diese Anteile exponentiell an, von den Fischen über die mobilen Landbewohner bis zum Menschen – ein Wachstum wie die Zinseszinsen, nur ohne Inflation. Unser Hirn passt perfekt in die Zeitreihe der Landtiere. Verlängert man diese zurück bis zu den Fischen, ist es um rund 30 Millionen Jahre zu früh gebildet worden und »explodiert« derzeit geradezu. Weil es innen nicht beliebig weiterwachsen kann, ist es nahezu zwingend, dass es Extremitäten entwickelt, die aber, wenn sie nicht mehr seiner unmittelbaren Kontrolle unterliegen, zum Risiko werden können. Die technische Mobilität ist eine davon. Sie hat die Menschen von der Mühsal des aufrechten Ganges befreit.

Eine Fülle von Problemen, die scheinbar nichts mit Mobilität zu tun haben, die man auch nicht wollte, tauchen seither in den verschiedensten Gesellschafts- und Lebensbereichen auf. Zersiedelung, Beschäftigungsprobleme, Klimaerwärmung, Macht der Konzerne, Vereinsamung, Schulden der öffentlichen Hand und auch Finanzverbrechen werden von der Gesellschaft, der Wissenschaft oder Politik bereits wahrgenommen. Es sind Symptome tiefer liegender Ursachen, die in unserem Ausschnitt der Realität sichtbar werden.

Probleme sind für die Menschheit nichts Neues, sie hat alle Probleme bisher irgendwie so bewältigt, dass die Grundlagen ihrer Existenz generell nicht gefährdet wurden, wiewohl die Geschichte auch mit Beispielen aufwarten kann, wo dies nicht der Fall war.

Abgesehen von den bis heute noch existierenden Urvölkern konnten die Aborigines und Buschmänner ihre Kultur und Lebensweise in den letzten 60 000 Jahren den sich ändernden Randbedingungen erfolgreich anpassen, was vermutlich kein ungetrübtes Vergnügen war. Keiner urbanen Gesellschaft ist dies über einen vergleichbaren Zeitraum gelungen. Seit dem Industriezeitalter des 19. Jahrhunderts hat sich das Machbarkeitsparadigma – man werde alle Probleme mit technisch-wissenschaftlichen Methoden bewältigen – durchgesetzt und wird praktisch nicht mehr hinterfragt. Die Zunahme des materiellen Wohlstands in der industriellen Welt bestätigt anhand von Indikatoren den Erfolg. Die Lebenserwartung ist gestiegen, die medizinische Behandlung wurde verbessert, das Bruttonationalprodukt steigt unaufhaltsam und der Anteil der Analphabeten ist in manchen Ländern praktisch auf null reduziert.

Andere Indikatoren zeigen jedoch ein anderes Bild. Der Wohlstand steigt seit den 1970er-Jahren nicht mehr. Er hat sich vom BNP entkoppelt. Traditionelle Familienstrukturen, stabile Elemente über Jahrtausende, brechen auf, Ressourcen, die die Entwicklung getragen haben – wie beispielsweise Erdöl – werden knapper, die aus Verbrennungsvorgängen emittierten Ausscheidungen haben die Atmosphäre mit so viel Energie, d. h. Wärme angereichert, dass der Klimawandel längst nicht mehr zu leugnen ist. Ungebremste Bodenversiegelung und -erosion sowie das beschleunigte Abholzen der Regenwälder sind in ihrer Tragweite der damit ausgelösten Systemwirkung noch bei Weitem nicht zur Gänze erfasst.

Disziplinierung der Menschen

Aus der Sicht der Pflanzen, die auf eine 475 Millionen lange Geschichte an Land zurückblicken, stellen sich das Auftauchen der Hominini und später des Homo sapiens und die Entwicklung der letzten 100 000 Jahre etwas anders dar als aus der gewohnten anthropozentrischen Sicht.

Diese Zweibeiner durchziehen in Kleingruppen das Gebiet und beginnen, die Pflanzen ihrer Samen zu berauben. Obwohl sich die Pflanzen dagegen nicht wehren können, beginnen sie, die Menschen mit einigen ihrer begabtesten Vertreter zu erziehen. Verhält der Mensch sich so, wie von der Pflanze gewünscht, wird er durch mehr und größere Samen belohnt. Macht er das Gegenteil, so wird er bestraft. Die Pflanze gibt ihm weniger oder gar keine Körner. Lernfähig wie der Mensch ist, beginnt er zu begreifen, was er zu tun hat, um an den begehrten Samen zu kommen. Er wendet sich der Pflanze, die ihn am besten behandelt, zu und verhilft ihr mit der ihm eigenen Arbeitskraft zu besseren Bedingungen. Er wird zum Nutzmenschen für die Pflanze und die Pflanze wird zur Nutzpflanze für den Menschen. Er hält ihr die Konkurrenten und andere Räuber vom Leib, sie belohnt in mit einer reicheren Ernte, wenn er ihre Spielregeln befolgt. Der Preis für seine Arbeit und seine Intelligenz – die Pflanze wird sehr erfreut sein, wie schnell er das lernt – ist aber nicht nur mehr Energie für seinen Körper, die die Pflanze mithilfe der Sonne in ihren Samen *sammelt,* sondern auch der Verzicht auf das Herumvagabundieren mit all den damit verbundenen Risiken. Denn die Pflege der Pflanzen wird zum Fulltimejob. Er wird sesshaft in einer Zeit, die man später als Agrarrevolution bezeichnete.

Der Mensch ist die Last der Makromobilität losgeworden – ein Fluch, der ihn verfolgte, weil er die ökologische Leistungsgrenze seines Lebensraumes, seines Paradieses überschritten hatte und sich aus diesem vertrieben fühlte. Auf die Idee, dass er selbst die Grenzen nicht erkannte, kam er erst zu spät. Seine geistige Mobilität war seinen Eingriffen in das Paradies nicht gewachsen, was er mit viel Mühe und mit den Risiken der Makromobilität teuer büßen musste.

Leider sind wir bis heute nicht klüger, durch die räumliche technische Mobilität jedoch so schnell geworden, dass wir nicht mehr merken, dass die Grenzen der Tragfähigkeit der Erde bereits vor 30 Jahren überschritten wurden.

Alleinstellungsmerkmal des Menschen: geistige Mobilität

Sein evolutionärer Erfolg im Vergleich zu vielen Tieren ist nicht auf seine physische Mobilität, sondern mit Sicherheit auf die enorme Leistungsfähigkeit des Hirns, Informationen mit den verfügbaren Sinnen aufzunehmen, zu verarbeiten und in gezielte Handlungen – vor allem im Wechselspiel mit den Händen – erfolgreich umzusetzen, zurückzuführen. Damit kann der Mensch mit seiner begrenzten verfügbaren Körperenergie und begrenzte Sinneswahrnehmung durch das Hirn mehr leisten als die Konkurrenten. Vielfalt, Flexibilität, Kooperation, sogar Arbeitsteilung und verschiedene Formen der Sozialisierung findet man in der Tier- und auch in der Pflanzenwelt in großem Ausmaß.

Nicht der Werkzeuggebrauch – wie lange Zeit vermutet – unterscheidet den Menschen von anderen Lebewesen, sondern die Fähigkeit zur gezielten Nutzung von Exergie weit über seine natürlichen Grenzen hinaus. Die Urbanisierung des Feuers zeigt, wie lange solche Prozesse dauern. 800 000 Jahre nutzten unsere Vorfahren das Feuer schon im Freien. Städte gibt es seit rund 10 000 Jahren. Es hat aber lange gedauert, bis Herd und Ofen so gut funktionierten, dass die Wahrscheinlichkeit von Bränden oder Brandkatastrophen in dem neuen künstlichen Lebensraum auf ein erträgliches Maß verringert werden konnte.

Das dünne Eis der Zivilisation

Kooperation, Organisation, Symbiose, in der Pflanzenwelt und Tierwelt schon Millionen Jahre erprobte Formen des Zusammenlebens, mussten von den Menschen erst durch Erfahrungen gelernt und geistig so bewältigt werden, dass die langfristigen Vorteile auch gegenüber kurzfristigen Nachteilen richtig eingeschätzt werden konnten. Die langsamen und schwachen Einzelnen mussten erkennen, dass manch persönliche Freiheit zugunsten der Vorteile eines Lebens in der Gemeinschaft aufzugeben war – eine Fortsetzung der Spezialisierung und Differenzierung, die bereits Milliarden Jahre zuvor die Zellen bewegt haben muss, auf Makromobilität zugunsten intelligenter Kooperation zu verzichten, woraus schließlich spezialisierte Organe und die Vielfalt des Lebens entstanden.

Es liegt nahe, dass dieses Prinzip vom Hirn unterbewusst erkannt wurde, war es doch ein Teil der eigenen Geschichte. Trotzdem blieb es eine Gratwanderung, deren Stabilität gefährdet war, sobald sich die Randbedingungen der Mobilität änderten. Die erfolgreichen Raubzüge der Reitervölker aus den asiatischen Steppen waren ein Erfolg der Makromobilität, unterstützt durch die technische Innovation des Steigbügels: für die Nutzer vorteilhaft, für die Betroffenen oft tödlich.

Makromobilität über die Grenzen der Verantwortung hinaus hat auch zu den Verbrechen der europäischen Auswanderer in den Kolonien beigetragen. Die Genozide in Amerika, Australien und der ostindischen Handelskompanie, ein Vorläufer der heutigen internationalen Konzerne, beweisen den Rückfall auf vorzivilisatorisches Verhalten als Folge geistigen Nachhinkens gegenüber den technischen Erweiterungen durch große Segelschiffe und Feuerwaffen.

Wird die lokal erzwungene Bindung der Gemeinschaft durch Fernmobilität gelockert, können die evolutionären Leistungen und Belastungen zivilisierten Umgangs mit Menschen schnell zugunsten individueller Rücksichtslosigkeit aufgegeben werden. Die Raubzüge der schnellen Reitervölker »begreift« man heute, die der heutigen Finanzkriminellen in den Investmentbanken und Fonds jedoch, die mit superschnellen Rechnern ihre Verbrechen betreiben, noch nicht. Müssten sie die Milliarden auf eigenes Risiko und zu Fuß über die Kontinente befördern, hätten wir weder eine Finanzblase noch die immensen Schuldenberge und es würde keine lebenden Investmentbanker und Spekulanten mehr geben. Doch mit ihren superschnellen Rechnern entkommen sie jeder Kontrolle und spielen, wie einst die berittenen Räuberhorden, mit der Politik Katz und Maus. Es kann lange dauern und bis dahin irreversible Schäden anrichten, bis die Folgen dieser Mobilität »begriffen« und unter Kontrolle gebracht werden können.

Mit geistig Mobilen kann man keine Kriege führen

Ändert sich die physische Mobilität, so ändern sich auch die Bindungen, die auf der Basis geistiger Mobilität, der Einsicht, entstanden sind. Die Gesellschaft löst sich dann leichter auf – bis hin zum einzelnen Individuum, das sich in einer Welt der Bedrohungen selbst zu verteidigen hat, wenn die menschliche Nähe fehlt.

Die Waffenlobby in den USA ist vermutlich eine der stärksten Zivilisationsbremsen dieses Landes, das sich gerne als Musterbeispiel für Menschlichkeit und Demokratie darstellt. Man spricht bekanntlich am liebsten von den Eigenschaften, die man nicht hat. 41 % der Haushalte in den USA besitzen Feuerwaffen. Das Ergebnis sind 6,45 Tötungsdelikte je 100 000 Einwohner gegenüber 0,21 in Deutschland oder 0,13 in England, wo nur 10 bzw. 4 % der Haushalte Feuerwaffen haben. Natürlich hängen Umgehensweisen immer auch von der jeweiligen Kultur ab. Die Schweizer zeigen, dass mit Waffen auch ein verantwortungsvoller Umgang möglich ist, etwa indem ihr Besitz an Bedingungen geknüpft ist. Die wichtigste davon: der Nachweis, dass man den Wirkungen der Waffe geistig gewachsen ist. Strukturen beeinflussen das Verhalten. Wirksame Sanktionen müssen dort ansetzen – und nicht erst bei den Folgen.

Wo die Widersprüche zwischen Zivilisationserwartungen und -erfahrungen noch nicht so offensichtlich und unmittelbar wahrnehmbar sind, können Einzelne oder Gruppen die Gesellschaft für ihre Interessen missbrauchen und unglaubliche Potenziale freisetzen. Die Waffenlobby hat dafür die besten Referenzen. Krieg nennt man diesen Zustand, der sich aus dem kollektiven Zurückbleiben der geistigen Mobilität ergibt. Geistig Mobile denken an die Folgen der Handlungen und kennen daher bessere Alternativen. Die naheliegende Lösung ist eine friedliche Gesellschaft. Doch diese stellt ungleich höhere Ansprüche an die geistige Mobilität als eine Mobilisierung, die die Überführung der Streitkräfte vom Friedens- auf den Kriegsfuß beinhaltet.

Geistig mobile Menschen lassen sich für Kriege nicht mobilisieren, wohl aber mit dem Auto. Damit kommen die USA auf zehn Tote auf je 100 000 Einwohner, Deutschland bringt es immer noch auf fünf, die Schweiz auf vier.

Siedlungen als Orte hoher Mobilitätsdichte

Technische Erweiterungen, die das Leben »erleichtern« sollen, erleichtern meist die Eingriffe in die Außenwelt und sind erst dann zu verantworten, wenn man innen »nachgezogen« hat, ihnen geistig gewachsen ist. »Das Leben ist ein erkenntnisgewinnender Prozess«[15] – der erfolgreiche Rest der Wechselbeziehung zwischen Erwartung und Erfahrung.

Die Möglichkeiten, den Belastungen, Gefahren und Risiken erzwungener Makromobilität zu entgehen, verdankt die Menschheit der Zusammenarbeit mit Pflanzen und Tieren. Überhebliche Menschen meinen damit die »Kultivierung der Pflanzen« und die »Domestikation der Tiere«. Aus der Sicht der Pflanzen ist das genau umgekehrt. Erst nachdem sie den Menschen den kultivierten Umgang beigebracht hatten, waren sie bereit, sie auch mit den Überschüssen zu versorgen. Hätten sich die Menschen weiter so barbarisch verhalten und nur geerntet – »sammeln« nannten sie das –, so wäre nichts aus dieser Kooperation geworden. Dass die Agrarindustrie, wie nahezu jede Industrie, ihre Macht missbraucht hat und unmenschlich geworden ist, ist auch eine Folge der – durch zu viel billig verfügbare fossile Exergie – eingeschränkten geistigen Mobilität und der daraus resultierenden Missachtung der Würde aller Lebewesen.

Erst die gemeinsame geistige Leistung machte das Leben in der Gemeinschaft sicherer und für viele auch angenehmer, weil sich auf kleinem Raum eine hohe Mobilitätsdichte ergab: die soziale Bindekraft der Orte. Nicht die bauliche Dichte, sondern die Beziehungsdichte im öffentlichen Raum ist das Charakteristikum lebendiger menschlicher Siedlungen. Man kann sie an der Zahl der Bewegung der Menschen und der Aufenthaltsdauer im öffentlichen Raum messen.

Städte als Orte geistiger Mobilität

Ein leistungsfähiger synergetischer Satisfyer, der neben der Befriedigung der Grundbedürfnisse genügend Energie für zusätzliche Entwicklungen freisetzte, war die Stadt.

Der Verzicht auf erzwungene physische Mobilität konnte die geistige Mobilität beflügeln. Man hatte mehr Zeit zum Denken, entdeckte unterschiedliche Talente und Fähigkeiten im Handwerk – ein Ergebnis von Hirn und Händen in direkter Rückkopplung zwischen Handlungen und Folgen, das die geistige Mobilität zwang, der technischen Entwicklung zu folgen, und umgekehrt. Als man die Bedeutung der geistigen Mobilität erkannte, schuf man Bildungsstätten, aus denen später die Universitäten mit dem Ziel der universellen geistigen Bildung hervorgingen. Es waren dann auch diese freien Geister aus den Bildungsstätten der Städte, die die vorhandenen Einschränkungen durch feudale Strukturen aufbrachen. »Stadtluft macht frei« war das Ergebnis geistiger Mobilität, die eine Alternative zur scheinbar vorgegebenen Obrigkeitshörigkeit Leibeigener anbot. An den Stadtgrenzen, spätestens vor den Stadttoren, endete die Macht der Feudalherren. Räumliche Mikro- und geistige Mobilität brechen die auf Makromobilität gebaute Macht.

Wir leben in einer vergleichbaren Situation der Leibeigenschaft durch die Autos und müssen mehr als einen Zehent unseres Einkommens abliefern.

Schon damals entkamen die geistig Mobileren, die sich Alternativen vorstellen konnten oder sie gar nutzten, der Leibeigenschaft. Diese ist auf Dauer nur dann erfolgreich, wenn sie auch das Denken in Bahnen lenken kann. Gelingt ihr das, braucht sie keine sichtbaren Fesseln mehr. Herrscher missbrauchten oder nutzten früher dafür die Religionen, heute spielen Wirtschaftsforscher die Rolle von Propheten, meist sind es falsche Propheten. Computergrafiken und obskure Zauberformeln ersetzen die Schamanen von einst.

Geistige Mobilität ist immer eine Gefahr für die Mächtigen, die jede Technik nutzen, um dieser Bedrohung entgegenzuwirken.

Technik, die ihren Benutzern entgleitet – mag sie auch noch so harmlos erscheinen – gibt anderen die Macht. Unter dem Vorwand, die Bürger zu schützen, wird der öffentliche Raum zunehmend fremdüberwacht und von der einstigen Freiheit der Städte geht viel verloren. Hätten die Feudalherren unsere heutige Technologie schon zur Verfügung gehabt, so wäre ihnen kein Leibeigener entkommen. Sie hätten die Städte bzw. Länder ebenso erpresst, wie es heute die Konzerne tun.

Wer sich im Verkehr technischer Hilfsmittel bedient, die sein Fassungsvermögen überschreiten – wie Plastikkarten für Geld oder Handys –, sollte sich dessen bewusst sein, dass seine und die Mobilität seines Geldes unter einer Kontrolle stehen, die jederzeit missbraucht werden kann. Technische Entwicklungen werden seit jeher (von Ausnahmen abgesehen) zunächst gegen die Menschen eingesetzt. Auch dort, wo es um Mobilität geht, will man in erster Linie Abhängigkeiten schaffen, um dadurch zu Geld zu kommen. Der Weg führt immer über die Falle der Bequemlichkeit: der körperlichen beim Autoverkehr, der geistigen beim Geldverkehr.

Die Schönheit alter Städte als Folge menschlicher Mobilität

Es gibt nur eine sichtbare menschliche Mobilitätsform: die der Fußgänger. Die Geschwindigkeit beim Gehen entspricht der Leistungsfähigkeit des menschlichen Hirns, Informationen der natürlichen Umwelt zeitgerecht und verantwortlich zu verarbeiten. Das künstliche Umfeld der Dörfer und Städte ist einfacher als das natürliche, oft zu einfach, und dadurch wiederum belastend. Um auch die bauliche Dichte besser erträglich zu machen, versuchte man, die Gebäude abwechslungsreich und die öffentlichen Räume lebendig zu gestalten. Hat die gebaute Umwelt dem Menschen etwas zu sagen, regt sie den Geist an und lenkt von der Mühsal des Weges ab.

Der Maßstab – und damit die Sprachmelodie der Stadt – ergab sich aus den Eigenschaften der Menschen. Jedes Element dieser künstlichen Lebensräume ist ein Ausdruck der Fantasie, der geistigen Mobilität seiner Schöpfer.

Und so entstanden Plätze, die über die Gassen und Straßen bis heute das Netzwerk des Organismus einer vitalen Stadt bilden. Die mittlere Entfernung zwischen den Plätzen liegt bei rund 220 Metern, genau da verliert ein Fußweg seine Akzeptanz.[16] Es dauerte beinahe 10 000 Jahre, bis jene urbanen Strukturen entstanden, die wir in vielen noch erhaltenen mittelalterlichen Städten wiederfinden und die Lewis Mumford[17] als den Höhepunkt des Städtebaus bezeichnet. Ihre Charakteristika sind bauliche Dichte, Vielfalt der Funktionen und Schönheit der Gestaltung, der Rhythmus des menschlichen Maßes in den Gassen und auf den Plätzen sowie die Unverwechselbarkeit des Erscheinungsbildes. Ihr gemeinsames Kennzeichen sind die informellen Interaktionsräume, in denen sich die Mobilität der Menschen, das »Lebensblut der Stadt« zeigt.

Jeder Laie kann wahrnehmen, ob eine Stadt lebt oder tot ist. Sie lebt dort, wo sich Menschen auf den Straßen frei und gerne bewegen und aufhalten, und zwar rund um die Uhr, wie es Jane Jacobs[18] beschreibt, obwohl ihr in den USA nur wenige gute Beispiele zur Verfügung standen.

In diesen Strukturen können weit über 200 Menschen je Hektar in höchster urbaner Qualität und Funktionsmischung leben und sich entfalten. In manchen Wiener Bezirken – nach der Mercer-Studie immerhin die Weltstadt mit der höchsten Lebensqualität – trifft man auch heute auf deutlich höhere Dichten, obwohl es dort keine Hochhäuser gibt.

Schnell kann man sich nur in einem informationsarmen Umfeld bewegen. Für schnelle Mobilität muss daher die Informationsdichte reduziert werden. Fahrbahnen für schnelle Autos begannen, die öffentlichen Räume und in der Folge die Städte selbst zu veröden. Ist der öffentliche Raum auf diese Weise entwertet, kann man ihn zum Abstellen von Fahrzeugen bzw. Maschinen leichter nutzen – er wird verparkt.

Gebaute geistige Immobilität: Hochhäuser, U-Bahnen, Autobahnen

Städtebauliche Dichte durch Menschensilos in Form von Hochhäusern und vielgeschossigen Wohnblocks bringt das bauplanerische Unverständnis der Bauherren und Architekten sichtbar zum Ausdruck und ist auch die Folge schneller Massenverkehrsmittel. Diese braucht man, um die städtebaulichen Mängel durch Flucht zu kompensieren. Wenn man den Menschen und die Menschen nicht mehr begreift, entzieht man ihnen den Boden durch Aufzüge oder Räder. Die Stadt wird dann nicht mehr von Menschen beherrscht, sondern als »Smart City« von Computern, an welche viele Architekten ohnehin schon ihre Kompetenz abgetreten haben dürften. Man verlässt sich auf die Kompensation der fehlenden geistigen Mobilität, auf die Leistungsfähigkeit des Auto- oder des öffentlichen Massenverkehrs.

Gute Stadtplaner allerdings beweisen sich an menschlichen Maßstäben und an menschlicher Mobilität. Es würde den Städtebau beleben, könnten mehrere Hundert Hirne ohne Autoviren den Raum, in dem sie leben, so gestalten, dass sie die vier Grundbedürfnisse (Sein, Haben, Tun, Interagieren) befriedigt bekommen. Es ist ein langer Weg, den die Wohnbevölkerung vor sich hat, um vielleicht wieder zur Stadtbevölkerung zu werden. Heute schließt man sie von dieser Gestaltung aus. Wird dieses riesige Potenzial geistiger Mobilität nicht im Sinne der Stadtentwicklung genutzt, macht es sich destruktiv bemerkbar – durch physische Mobilität und Gewalt. Potenziell gibt es bei 300 Einwohnern je Hektar Stadtfläche täglich rund eine Million Kontaktmöglichkeiten – drei Wege außer Haus pro Person und pro Tag im Durchschnitt. Somit gibt es genügend dynamische Rückkopplungen, aus denen Qualität entstehen könnte, wenn sie nicht durch die geistige Beschränktheit von Experten und Politikern zerstört würden.

Dieses Zerstörungspotenzial entstand, als sich das Verkehrssystem derartig beschleunigte, dass es die Grenzen der geistigen Mobilität der fachlich und politisch Verantwortlichen – mit dem

Auto – sprengte und überrollte. Es war der Moment, ab dem nicht mehr die Fußgänger Geschwindigkeit und Umgang miteinander bestimmten. Autobahnen visualisieren geistige Immobilität, was die Projekte der Studenten seit Jahrzehnten beweisen. Nur den wenigsten, sehr begabten Studenten gelingt eine qualitativ gute Fußgängerplanung. Eine Autobahn nach den Richtlinien zu projektieren, schaffen hingegen selbst vollkommen unbegabte Studierende leicht.

Von Hotspots zu »No-go-Areas«

Öffentliche Räume in Siedlungen waren Hotspots der Gesellschaft, Flächen maximaler Mobilitätsdichte und Funktionsvielfalt (hinsichtlich der Zahl der Wege oder der Funktionen je Flächeneinheit). Im »Zeitalter der Mobilität« sind sie, ihrer Funktionen beraubt, zu Lagerplätzen für Fahrmaschinen und zu Hotspots für den Autostau verkommen. Die Mobilitätsdichte ist damit auf weniger als 1 % einer menschengerechten Stadt zusammengefallen, die vorherige Bandbreite der Funktionen oft auf eine einzige reduziert, die Treffpunkte der Plätze in gefährliche Kreuzungen umgebaut. Die Automobilität verwandelte die einstigen Hotspots, die öffentlichen Räume der Städte und Dörfer, oft zu »No-go-Areas«.

Ähnlich ergeht es auch den Hotspots einstiger geistiger Mobilität: den Schulen und Universitäten nach den Eingriffen der EU in das Bildungssystem und den anschließenden »Reformen«. Nicht mehr die Suche nach der Wahrheit und die Lösung dringlicher Probleme der Gesellschaft sind gefragt, sondern es geht um die Suche nach dem Geld. Die Vorgaben kommen von der Industrie und den Konzernen, welche ja schon im Besitz der Wahrheit sind: der Wahrheit des steigenden Gewinns. Es ist daher nur recht und billig, ihnen zu überlassen, wie man die »geistige Mobilität« zu lenken und zu »beflügeln« hat.

Die EU hat dazu aus der Vielfalt der einstigen Bildungsmöglichkeiten und -varianten durch den Bologna-Prozess einen »einheitlichen europäischen Hochschulraum« (ein Schelm, der dabei an »geistige Massentierhaltung« denkt) gemacht, in dem im »Erasmus Programm die (physische) Mobilität von Studenten und Dozenten« gefördert wird. Zuerst beseitigt man die bestehende Vielfalt, um sich anschließend in der Einfalt leichter zu bewegen. Auf diesem Humus wuchern dann die unglaublich einfallsreichen Parasiten der Verwaltungen, des Controllings sinnloser Zeitaufzeichnungen und formaler Schikanen. Sie folgen dem Vorbild der EU, deren Bürokraten Meisterleistungen im Erfinden unsinniger Antragsregelungen sind, um auf diese Weise ihre fachliche Ignoranz und Verantwortungslosigkeit zu verbergen. Aus glühend interessierten Forschern wurden so in weniger als einem Jahrzehnt brave Bürogänger, die perfekt jeden formalen Unsinn[19] erfüllen und ihren Geist lieber anderswo schweifen lassen.

Gut Ding braucht Weile

Eine Tatsache, die unserer beschleunigten Gesellschaft entgangen sein dürfte: Handlungen sind immer auch die Folge von Werten, und diese wiederum die Voraussetzung für Qualität. Per definitionem hat aber Qualität die unangenehme Eigenschaft, nicht quantifizierbar zu sein. Die Naturwissenschaft hat die Qualität nicht im Griff, sie übersteigt deren Wirklichkeit. Qualität in öffentlichen Räumen lässt sich anders als etwa in der Teilchenphysik viel leichter beobachten; man muss nur ein Auge für die Menschen haben. Menschen halten sich mit Vorliebe dort auf, wo sie sich wohlfühlen. Wenn sie beginnen, ihre Freizeit in Shoppingcentern zu verbringen, ist die Stadt krank. Diese sind wie die Schwarzen Löcher des Universums, in denen selbst das Licht so verschwindet wie unser Geld in den Kassen dieser »Zentren«.

Aber man kann in Städten öffentliche Räume finden, wo sich Menschen gerne freiwillig aufhalten. Es sind dies weder Fahrbahnen noch, zum Leidwesen moderner Architekten oder solcher, die sich dafür halten, ihre am Computer entworfenen Objekte, sondern meist alte Stadtviertel oder sinnvoll angelegte neu gebaute Areale, allerdings weniger wegen ihrer gestalterischen Qualitäten, sondern weil sie von der Automobilität verschonte Schutzräume bieten. Strukturelle und ästhetische Qualität als Ergebnis menschlicher Mobilität hat einen Maßstab, was man in unserer Zeit der Schnelligkeit und der großen Dimensionen systematisch übersieht. Von derart kleinen Dimensionen wollen Städteplaner und Architekten, die in ihren Fachkreisen hoch gelobt werden, nichts wissen. Das würde ihre große Sicht, die oft nur eine Zusammenschau der Einfalt ist, nur stören. Wer jedoch nicht im Schritt mit dem Fußgänger die Stadt plant, kann sie nicht planen.

Aus der einstigen Wechselbeziehung zwischen Stadt und Land, die Chancen und Lebensgrundlagen lieferte, wurde durch die schnellen Verkehrsmittel immer mehr eine Einbahn in Richtung Stadt. Das Land wurde zum »Rohmaterial« städtischer Bedürfnisse, so wie der Fußgänger zum »Rohmaterial für Verkehrsunfälle«[20] im Zeitalter der Motorisierung wurde.

Paradox

So niedrig die Geschwindigkeiten des solaren Transportsystems bis zum 19. Jahrhundert auch waren – hatten die meisten Menschen trotzdem noch genügend Zeit, Muße und Geld für Dinge übrig, die zwar wirtschaftlich nicht relevant waren, die jedoch ihren Lebensraum verschönerten.

Nahezu alles wurde selbst erzeugt und zubereitet. Geräte wie heute, mit denen sich Zeit sparen lässt, gab es damals noch nicht. Rechnet man die heutigen Transportmengen und -distanzen auf die damaligen Verhältnisse um, hätte die Zeit nicht ausgereicht, den Transportaufwand zu bewältigen. Der größte Teil der Menschen wäre rund um die Uhr unterwegs gewesen. Die Lösung muss wohl in der damaligen geistigen Mobilität gelegen haben, die die räumliche beherrscht haben musste. »Just-in-time«-Transport gab es zumindest als Begriff noch nicht.

»Just-in-time« – ein alter Hut?

Der Begriff »Just-in-time« (»pünktlich«, »termingerecht«) existierte noch nicht in einer Zeit, in der man ihn mittels praktischer Intelligenz umzusetzen vermochte. Heute verwendet man ihn v. a. in der Transportlogistik und versteht darunter ein Produktionsprinzip, bei dem Zuliefer- und Produktionstermine genau aufeinander abgestimmt werden, um Lagerkosten zu vermeiden.

Lagerhaltung sowie intelligente Nutzung positiver und negativer Solarenergie jedoch verringerte nicht nur den Mobilitätsaufwand, sondern garantierte vorausschauend auch die Versorgung für periodische Engpässe und für unerwartete »Liefer«schwierigkeiten. Eis als Produkt reduzierter Solarenergie im Winter lieferte die Kühlenergie für die warme Jahreszeit, indem man es in Eiskellern aufbewahrte. Der Schnee, sozusagen ein Ergebnis aus Solarenergie und Gravitation, wurde für den Wintertransport des Heus von den Almen und des Holzes von den Bergen ebenso intelligent genutzt wie das Wasser der Schneeschmelze für die mechanische Arbeit in Mühlen, Schmieden, Sägewerken und für den Massentransport des Holzes über die Flüsse: alles ohne Umweltbelastung durch die Abgase und den Lärm des heutigen Schwerverkehrs, der oft mehr Energie vergeudet, als in den Gütern, die er befördert, vorhanden ist. Die Zahl der Opfer durch die damaligen Transportsysteme waren im Gegensatz zu heute überschaubar.

Die geistige Mobilität musste damals der für das Leben und die Wirtschaft nötigen physischen Mobilität um mindestens ein Jahr voraus sein. Aber auch dieser Vorsprung war noch zu wenig, um für das Handeln, für die Eingriffe in das System, die Verantwortung tragen zu können. Der kurzfristige Gewinn durch das Abholzen von Schutz- und Bannwäldern etwa hätte und hat ganze Siedlungen – oft Jahre und Jahrzehnte später – vernichtet.

Der hohen geistigen Mobilität haben wir etwa auch die Vielfalt an Käsesorten zu verdanken. Frische Milch verträgt keine langen Transporte. Die Immobilität zwang die Bauern zur geistigen Mobilität, zu Erfindungen jener Produkte, die wir zum Beispiel als Butter und Käse in vielfältigen regionalen Varianten schätzen. Schnelle Transportsysteme und Transportkühlung hätten uns mit einer Einheitsbutter und einem Einheitskäse in einem »einheitlichen europäischen Käseraum« versorgt – ohne Alternativen.

Codex Hammurabi

Von Verantwortung getragene Handlungen unter Berücksichtigung aller denkbaren Folgen sind ein Ergebnis geistiger Mobilität. Wer diese nicht aufbringen kann, handelt verantwortungslos, gleichgültig welche akademischen Titel, administrativen oder politischen Positionen er auch innehaben mag.

Baumeister mussten schon vor 2800 Jahren die Last der Verantwortung für ihr Handeln im Codex Hammurabi[21] zur Kenntnis nehmen, was sicher seinen Grund hatte und verständlich macht, warum man Menschen noch immer am Betreten von Baustellen hindert.

»Wenn ein Baumeister einem Bürger ein Haus gebaut hat, aber seine Arbeit nicht fest genug ausgeführt hat und das Haus, das er gebaut hat, einstürzt und er dadurch den Hauseigentümer ums Leben gebracht hat, so wird dieser Baumeister getötet; wenn er den Sohn des Hauseigentümers dadurch ums Leben gebracht hat, so tötet man den Sohn dieses Baumeisters; wenn er den Sklaven des Hauseigentümers dadurch ums Leben gebracht hat, so gibt er dem Hauseigentümer einen Sklaven, entsprechend dem (getöteten) Sklaven.« (Zitat aus dem Codex Hammurabi)

Die Reichweite der Verantwortung wird mit der Eingriffstiefe der Handlungen gleichgesetzt und schützt die Gesellschaft vor Schaden durch verantwortungsloses Handeln: ein lebenserhaltendes Prinzip der Evolution.

Würde man diese Regel auf moderne Verkehrs-, Raum- und Stadtplaner anwenden, so gäbe es sie schon längst nicht mehr (heute gibt es global weniger als 1,3 Millionen von ihnen), ebenso wenig wie Ingenieure oder Erbauer und Betreiber von Kernkraftwerken.

Diese lebens- und systemerhaltenden Spielregeln waren den Betroffenen der damaligen Zeit natürlich äußerst unangenehm. Sie waren also gezwungen, sich den Kopf darüber zu zerbrechen, wie das Risiko sich minimieren ließ, ohne dadurch berufliche Privilegien und Befugnisse zu verlieren. Man schloss sich zusammen und erstellte sich seine eigene Regeln und eine eigene »Gerichtsbarkeit«: Das Ergebnis waren die Zünfte. »Standesregeln« legten die Grenzen der Befugnisse und der Verantwortung sowie das Verhalten fest. Blieb man regeltreu, so war man geschützt und gesellschaftlich angesehen und konnte seinen Wohlstand risikolos vermehren. Steinmetzbruderschaften der Dombauhütten, auf die man die Freimaurerei zurückführt, bilden einen Zweig im Kontext dieser Entwicklung. Formale Ähnlichkeiten findet man auch in den heutigen »Kammern« der Wirtschaftstreibenden, Ingenieure, Architekten, Rechtsanwälte oder Ärzte. Viele sind längst zu Interessengruppen mutiert.

Setzt sich Eigennutz gegen Gemeinwohl durch, dann geht es nicht mehr um Systemethik – erkennbar an der Anpassung der Verantwortungsgrenzen an alle Folgen der Handlungen –, sondern um Reduzierung der Verantwortungsgrenzen bei gleichzeitig maximaler Ausweitung der Befugnisse. Wenn das Ingenieurwesen seine Verantwortung auf Materialien begrenzt, aber mit seinen Bauten und Maschinen weit in die sozialen und ökologischen Strukturen eingreift, dafür jedoch keine Verantwortung übernimmt, so gelangt man quasi direkt in unser heutiges Verkehrssystem und zu den damit einhergehenden negativen Auswirkungen wie etwa Verkehrstote durch Unfälle und die Zerstörung der Natur.

Noch lockerer gehen Ökonomen mit der Verantwortung um, indem sie ihr Nichtwissen mit dem Begriff »externe Kosten« kaschieren. Dies macht sie vermutlich auch so attraktiv für heutige Politiker. Man sieht, in welche Richtung sich die »geistige Mobilität« entwickelt hat, nämlich in Richtung des Erfindens eindrucksvoll klingender Begriffe, hinter denen sich geistige Impotenz und Bequemlichkeit verbergen, für die manche sogar mit Nobelpreisen, nicht nur in der Ökonomie, belohnt werden.

Was man nicht im Kopf hat, muss man in den Beinen haben …

Diese populäre Redewendung reicht sinngemäß weiter als manche wissenschaftliche Erkenntnis. Sie weist auf die fundamentale Beziehung zwischen unseren Mobilitätsmöglichkeiten und -formen hin: auf die physische und die geistige Mobilität. Für beide Formen braucht man Energie, und sie stehen in einer Wechselbeziehung zueinander, die sich mathematisch formulieren ließe wie folgt: »Geistige mal physische Mobilität ist eine Konstante.«

Aus dem Eisenbahnwesen ist das Lill'sche Reisegesetz von 1889, Reiseweite mal Reisehäufigkeit ist eine Konstante, bekannt, das zu einem fundamentalen Gesetz des Wahrnehmens der Umwelt, des Empfindens und damit des Handelns führte.[22] Reize und Empfindungen spielen dabei die zentralen Rollen. Reize, ob sie von innen oder außen kommen, bewegen immer etwas, sie machen mobil. Das Hirn stellt Energie bereit, zunächst um zu entschlüsseln, ob die Reize positiv oder negativ zu bewerten sind. Erwünschte will man verstärken, unangenehme vermeiden. Geht dies nicht, so muss man sich mit ihnen durch äußere oder innere Bewältigung auseinandersetzen. Priorität haben in diesem Zusammenhang äußere Veränderungen, weil man dafür zunächst weniger Energie braucht. Als Reaktion kommt entweder die Verstärkung oder Abschwächung zurück – oder die Reaktion wird verzögert, verlagert usw. Unerwartete und unerwünschte Systemreaktionen kann man nur durch eine entsprechend lange Vorausschau und durch Erfahrungen vermeiden. Dies ist bei unmittelbaren Rückwirkungen einfach. Schwieriger wird es, wenn Folgen erst über Umwege oder an unerwarteten Stellen auftreten und dann womöglich nicht mehr wahrgenommen werden können. Ob eine Entscheidung richtig oder falsch war, wird erst in einem größeren zeitlichen, sachlichen oder räumlichen Zusammenhang erkennbar. Hier wird die Kernkompetenz des Gehirns gefordert.

Die schnellen Rechner der ältesten Evolutionsschichten laufen effizient tief im Unterbewusstsein und haben in Milliarden Jahren der Erprobung ihre Funktionsfähigkeit nachweisen müssen. Der Neocortex ist zwar mit allen entwicklungsgeschichtlich älteren Hirnarealen verbunden, doch er verfügt über komplexere Verschaltungsmechanismen, mit denen auch unser Bewusstsein und unsere jeweilige Wirklichkeitswahrnehmung erzeugt werden kann. Er ist jedoch fehleranfällig und daher weniger verlässlich. Passieren systembedrohende Fehler, so kann das Bewusstsein durch die Sicherheitssysteme der alten Hirnteile vorsorglich vorübergehend aus dem Verkehr gezogen werden: Bei einer Ohnmacht zum Beispiel werden beide Formen der Beweglichkeit, die geistige und die körperliche, auf null reduziert. Im zentralen »Kernrechner« verwaltet der Hypothalamus den Energiehaushalt. Aber auch er ist nicht gefeit gegen Viren, die seine Steuerbefehle so verändern[23], dass sich die Wahrnehmung des betroffenen Menschen verändert wie durch das Auto.

Wie alle Zentralen versucht sich auch diese, sich möglichst bequem auf Kosten der von ihr Beherrschten einzurichten. Es liegt nahe, dass daher zunächst nicht der aufwendige Denkapparat bemüht wird, sondern dass nach Lösungen gesucht wird, die außen liegen. Die Sensoren treten also in Aktion und man setzt sich in Bewegung. Schnell, wenn die Not dazu zwingt, weil man Informationen übersehen oder vernachlässigt hat, langsam, wenn man die Wahl hat. Jede Bewegung kostet Energie, der Trägheitswiderstand ist zu überwinden und das spezielle Problem menschlicher Bewegung ist zu bewältigen: der aufrechte Gang. Zwei Drittel unseres Körpers bestehen aus Wasser. Diese »Wassersäule« muss zusammengehalten und beim Gehen im labilen Gleichgewicht gehalten werden. Langsamkeit war daher lebenserhaltend, um Zeit für die Auswertung der Informationen zu haben, Schnelligkeit war lebenserhaltend, um den Ort der Not oder der Gefahr verlassen zu können, bevor man die tieferen Gründe und Ursachen der Information erforschen konnte. Diejenigen, die aus Notsituationen erzwungener Makromobilität nachträglich die richtigen Schlüsse ziehen konnten, hatten im Wiederholungsfall Vorteile. Sie waren schon vor dem Problem da, weil sie es rechtzeitig »mitbekommen«

hatten. Nicht umsonst wird bei anspruchsvolleren Aufgaben gefragt, ob man »mitgekommen« ist, obwohl man dabeisitzt.

Eine ideale Stadt ist nicht die Summe individueller Idealvorstellungen. Idealvorstellungen waren durch die räumliche Mobilität begrenzt. Man bewunderte den freien Flug der Vögel und, trotz ihrer Gefährlichkeit, die Kraft und Schnelligkeit großer Raubtiere. Die Sehnsucht nach müheloser schneller Mobilität konnte lange Zeit nur in Form von Gedankenmodellen, Träumen von Siebenmeilenstiefeln oder fliegenden Teppichen ihren Ausdruck finden. Nur Reiche und Mächtige nutzten die Kraft und die Geschwindigkeit domestizierter Tiere, vor allem Pferde zum Reiten oder als Vorspann für ihre Fahrzeuge, vor allem für Kutschen. Die breite Masse blieb von diesem Privileg ausgeschlossen.

Fruchtbarer Boden

Obwohl die Anfänge der Dampfmaschine bis ins erste vorchristliche Jahrhundert zurückreichen, greift sie als Arbeitsmaschine erst viel später in die Wirtschaft und die Gesellschaft ein.

Heron von Alexandria[24], bezeichnenderweise ein Mathematiker, beschreibt diese Apparatur, eine beidseitig gelagerte, hohle Kugel mit zwei Düsen, die auf der Expansionskraft des Wasserdampfes und dem Rückstoßprinzip beruht, dem Heronsball. Erst im 18. Jahrhundert kommt die Dampfkraft für Arbeitsmaschinen gezielt zum Einsatz, zunächst für Wasserpumpen im Bergwerk.

James Watt, der als Erfinder der Dampfmaschine gilt, konnte durch die Erfindung des Drehgelenkes die lineare Kolbenbewegung in eine kreisförmige kontinuierliche Drehbewegung umwandeln, was den Weg zur Verwendung als vielseitige Arbeitsmaschine ebnete.

Wir sind nun bei der angewandten Naturwissenschaft, dem Ingenieurwesen, angekommen, eine Wissenschaft, die sich schnell vom Einfachen zum Komplizierten entwickelte und in komplexe Systeme eingriff. Der Wirkungsgrad der Newcomen-Pumpen[25] von

0,5 % konnte mittels Watt auf 3 % erhöht werden und musste keinen Vergleich mit den damals stärksten solaren Arbeitsmitteln, den Pferden, scheuen, die Watt im Zuge dessen als Leistungseinheit – Pferdestärke bzw. PS – verwendeten.

Der Einsatz ununterbrochen laufender Maschinen für die Wasserhaltung in den Bergwerken erleichterte den Kohlebergbau und den Zugang zu fossilen Ressourcen, den Energiequellen des Industriezeitalters. Mit dem Einsatz dampfgetriebener Maschinen in Landwirtschaft und Textilindustrie verloren Menschen auch auf dem Land ihre Beschäftigung. Aus der jahrtausendelangen Periode dominierender räumlicher Mikromobilität, die nur in Notzeiten und Kriegen durch Perioden massenhafter Makromobilität unterbrochen wurde, entstand unmittelbaren Not und zwang die Menschen immer mehr hinaus aus ihrer lokalen Umgebung. Die Landflucht war de facto eine Flucht aus der Landwirtschaft, in der Dampfmaschinen menschliche und tierische Arbeitskraftkräfte verdrängten. Ströme von Menschen und Gütern sollten bewältigt werden, ein fruchtbarer Boden für eine Maschine, mit der die Not erzeugt wurde, wenn man sie nicht nur stationär nutzen konnte, sondern auch als Dampfross auf Schienen.

Die Städte standen bereits unter »Spannung«, als die ersten Eisenbahnen gebaut wurden. Man erwartete sich daher von ihnen den ersehnten »Druckausgleich«, einen leichteren Zugang zu entfernteren Ressourcen und die Herbeischaffung billiger Arbeitskräfte für die durch Maschinen angetriebene Massenproduktion und den Handel.

Mit den schnellen und leistungsfähigen Eisenbahnen wurden die Disparitäten zwischen Stadt und Land nicht verkleinert, wie es die Theorie der Raumplaner bis heute verspricht, sondern – im Gegenteil – vergrößert. Das Land wurde zunehmend leerer, die Städte platzten aus allen Nähten.

Und wenn Not herrscht, weil die Folgen nicht bedacht wurden, sind die Nutznießer schnell zur Stelle. Die goldene Zeit der Hausherren brach an, die »Gründerzeit«, in der man ohne Anstrengung Geld aus der Wohnungsnot der Massen gewinnen konnte.

Nicht mehr begreifbar

Die Hände bleiben beim Handwerk »im Spiel« und machten das Tun begreifbar. Dies änderte sich durch das Industriezeitalter. Nicht mehr die Hände, sondern ihre künstlichen Verlängerungen und Verstärkungen griffen in die Welt ein. Das erschwerte es, damit einhergehende neu entstehende Phänomene zu begreifen. Der Vater der Ökonomie, Adam Smith, wurde eines der ersten Opfer, denkt man an die Entwicklung der Wirtschaftswissenschaften. Als Erklärung für sein Unverständnis schuf er »die unsichtbare Hand« des »Marktes«, eine für Ökonomen seither willkommene Metapher, um sich das Denken zu ersparen.

Wenn eine auf Nicht-Verständnis errichtete Disziplin das Eingreifen in die Welt bestimmt, darf man sich über die Folgen nicht wundern. Die Vertreter solcher Disziplinen haben sich mit bequemer geistiger Bescheidenheit der Vorstellung eines unendlichen Wachstums von Wohlstand hingegeben. Sie verliert damit auch ihren Wert gegenüber dem momentanen Nutzen. Die technischen Maschinen sowie die Vorstellungen von der Welt waren dem Begreifen entglitten. Die neu gewonnene Macht ließ jene Grenzen vergessen, die zu Beginn des 19. Jahrhunderts noch weitgehend respektiert wurden, wie es beispielsweise die Werke des britischen Ökonomen Thomas Malthus belegen. Der technisch beflügelten Fantasie waren keine Grenzen gesetzt.

Das Hirn hatte durch die technischen Maschinen seine wichtigsten und verlässlichsten Partner verloren: die Hände. Diese hatten begreifbar machen können, was das Hirn selbst nicht begreifen konnte. Sie begleiteten es, seit es den aufrechten Gang gab, sechs Millionen Jahre lang, und schützten es vor Unbedachtsamkeiten. Wenn das Hirn die Hände – animiert durch Augen, Ohren oder Nase – dazu verführte zuzugreifen, mussten diese das oft mit Schmerz bezahlen. Die Hände helfen bis heute, das Gleichgewicht zu finden und zu halten, und im Falle des Gleichgewichtsverlustes sind sie oft der letzte Halt, um den betroffenen Menschen vor den Folgen eines Sturzes zu bewahren.

Das Hirn ist zwar so einfallsreich, um sich das Leben durch Eingriffe in die Welt so bequem wie möglich einzurichten, doch zugleich zu beschränkt, um auch die Folgen dieser Eingriffe vorauszusehen. Dass selbst das Begreifen des Lenkrades im Auto nicht ausreicht, die Folgen einer Frontalkollision zu begreifen, ist durch den Widerstand gegen die Gurtenpflicht oder Tempolimits bewiesen.

Es darf daher auch nicht wundern, wenn die nun folgende Periode der technischen Beschleunigung maschinengetriebener räumlicher Bewegungen bis heute nicht begriffen wurde.

Eine Stadt mit 10 Millionen Fahrradfahrern

Ein Fahrradfahrer kann die verfügbare Körperenergie für physische Mobilität besser nutzen als der Fußgänger. Mit dem Fahrrad braucht man pro Kilometer nur rund ein Drittel und kann mit entsprechenden Übersetzungen schneller und weiter kommen als zu Fuß. Dies ist ein gewaltiger Schritt für die Mobilität und für die Entwicklung der Städte, die durch die Reichweite der Fußgänger begrenzt war, sodass auch bei günstigen Bedingungen die Einwohnerzahl von einer Million nicht überschritten werden konnte.

Mit dem technischen Verkehrsmittel Fahrrad lässt sich eine befriedigende Mobilitätsstruktur in Städten mit bis zu zehn Millionen Einwohnern aufbauen, sofern auch die Versorgung der Bevölkerung mit Wasser und Lebensmitteln gewährleistet ist und wenn die Entsorgung von Abwasser und Müll funktioniert.

China hat das bewiesen, als man dort noch klug war. Zwar war die Basismobilität in chinesischen Städten nach wie vor durch Fußgänger geprägt, das Fahrrad wurde lediglich für längere Fußwege und den Transport schwerer Güter benutzt. Im Zentrum von Peking wurden noch vor einigen Jahrzehnten Transporte von Baumaterial mit Lastenrädern durchgeführt.

Die Rückkopplung zwischen Fahrgeschwindigkeit und Energieaufwand funktioniert jedenfalls auch beim Fahrrad dank der begrenzt verfügbaren Körperenergie perfekt: Man hat es noch in der Hand.

Eisenbahnen noch ohne Mobilitätsbegriff

Mit der Eisenbahn und ihrer übermenschlichen Kraft und Geschwindigkeit beginnen schon die Probleme. Dem Verkehrsmittel fehlt das Hirn. Es muss erst dazu gebaut und betrieben werden. Vorausdenken und Verantworten der Folgen sind notwendig. Trotzdem fehlt noch viel für ein Systemverständnis. Doch es mangelt nicht an den Fähigkeiten, die entsprechenden Maschinen und Verkehrsanlagen zu bauen und zu betreiben, wie es die erfolgreichen Bahnsysteme seit über 170 Jahren beweisen, sondern an Verständnis und Verantwortung bezüglich der Folgen für das Sozial-, Wirtschafts- und Ökosystem. Die glänzende Vorderseite des technischen Wunderwerkes Eisenbahn überstrahlt ihre ebenso große dunkle Kehrseite. Dort findet man schwerwiegende Folgen wie Ausbeutung entwurzelter Menschen in den Industrien, das Elend des Massenproletariats, die Ausbeutung der Kolonien, den Völkermord an indigenen Völkern, die industriell geführten Kriege.

Der Begriff »Mobilität« war in dem Eisenbahnzeitalter, das bis in die Mitte des 20. Jahrhunderts seine Blütezeit hatte, nicht bekannt.

Die Möglichkeiten der Eisenbahnen verleiteten die Menschen keineswegs nur zur sinnvollen und friedlichen Nutzung ihrer Vorteile, sondern überschritten mit den Geschwindigkeiten der Reichweite die Verantwortung ganzer Staaten. Der Blick richtete sich nach außen und verengte sich zugleich. Der Begriff »Mobilisierung« – die Überführung militärischer Streitkräfte vom »Friedens- auf den Kriegsfuß« – tauchte in jener Zeit schneller werdender und massenhafter Material- und Personenbewegungen auf. Die Öffentlichkeit musste aber noch mobilisiert werden.[26] Das Vehikel hieß Propaganda und diente dazu, die Hirne gezielt zu manipulieren, um die für einen Krieg erforderliche geistige Beschränkung zu erreichen.

Ideologie, Fanatismus, Angst oder Gier sind erprobte Modelle zur Einschränkung und Kanalisierung geistiger Freiheit. Militärischen Drill und militärische Befehle nicht nach ihrer Sinnhaftigkeit zu hinterfragen, sondern zu erfüllen, breitete sich mehr oder weniger merkbar in der Gesellschaft aus. Nicht zufällig spricht man auch heute noch vom »Denken in Schienen«, das sich vermutlich erst nach der Blütezeit der Eisenbahnen voll entfalten konnte und das nicht nur im Verkehrswesen sorgfältig gepflegt wird.

Wenn die Begriffe unklar werden

Mit der Einführung des Autos als Verkehrsmittel entstand die gängige Formulierung »mit dem Auto fahren«, da man ebenfalls selber fuhr. Die Formulierung wurde in der Folge auch aufs Bahnfahren übertragen: man »fährt mit der Eisenbahn/mit dem Zug«, was de facto nur dem Lokführer gestattet ist.

Sprache konstruiert die Wirklichkeit der Welt, in der wir denken und handeln. Eine ungenaue oder gar missbräuchliche Verwendung von Begriffen fällt meistens nur dann auf, wenn sie nicht halten, was sie versprechen, wenn nicht mehr stimmt, was sie ausdrücken, wenn Fehler passieren.

Im Hinblick auf Züge hat dies meist keine dramatischen Folgen. Funktioniert die Eisenbahn nicht, so identifiziert man sich nicht mehr mit ihr. Sie wird begrifflich »externalisiert«: Sie kommt unpünktlich, zu spät, hält zu lange, es gibt technische Störungen usw. Unbewusst ist einem klar, dass man transportiert wird, und im Falle eines Versagens hat das Denken die Realität – vorübergehend – eingeholt. Und wenn dann alles wieder funktioniert, fährt man mit der Eisenbahn bequem weiter, so wie zuvor.

Verwaschene Begriffsverwendungen führen leicht zu missbräuchlichen Handlungen. Im trüben Wasser solcher Unklarheiten, die durch die Kombination aus einer manipulierten Sprache mit einem unausgegorenen Denken entstehen können, lässt sich durchaus mit Geschick fischen.

So wurden Banken und Baukonzerne im Verein mit sogenannten Wirtschaftsforschungsinstituten zu nahezu unbegrenzten Raubzügen in den Staatssäckel ermuntert, indem sie etwa Fantasienamen für nicht existierende Eisenbahnachsen von einem Ende des

Kontinents zum anderen erfanden (z. B. die »Baltisch Adriatische Achse«, die »Achse Berlin Palermo« u. a.), um sachlich nicht begründbare Großprojekte wie sinnlose Tunnelbauten zu finanzieren. Hypotheken, die noch Generationen später belasten werden, wurden von Politikern auf die Zukunft des Landes aufgenommen, obwohl die Spanne ihrer Verantwortung nur eine absehbare Zeit lang dauert.

Trickdiebe sind Geschwindigkeitsakrobaten. Sie fokussieren die Aufmerksamkeit in einer Weise, dass man nicht mitbekommt, was mit einem selbst oder seinem Geld passiert.

Dies trifft auch auf alle schnellen Verkehrssysteme zu: vom Personen- über den Güter- bis zum Geldverkehr. Unsere Wahrnehmung entwickelt sich nicht mit der Geschwindigkeit technischer Systeme. Verdoppelt sich die Geschwindigkeit, bleibt vom »Begriff« nur »B g i f«, bei vierfachem Tempo nur »B r f« übrig – und bei 40 statt 4 km/h nur noch »B«. Dies kann viel bedeuten oder auch nichts, wie das Geld, das viele den Investmentbanken anvertraut haben. Wir sind stolz auf unsere schnellen Verkehrsmittel, wenn sie uns schnell von A nach B bringen, doch wir begreifen nicht, dass sie unser Leben und die Wirtschaft, die immer weniger unsere ist, immer mehr bestimmen.

Die Entmündigung folgt der geistigen Beschränkung, auch dann, wenn wir uns scheinbar bei vollem Bewusstsein – das jedoch nicht weit genug reichte – »bewusst« dafür entschieden haben.

Abhängigkeit ist ein Ausdruck von Unselbstständigkeit und weiters von Hörigkeit, Unmündigkeit, Bevormundung, Sucht und Knechtschaft. Der schnellste Weg in die Unselbstständigkeit führt über die geistige Bequemlichkeit. Attraktiv gemacht wird der Weg dahin durch technische Einrichtungen, die uns nicht nur von der Last physischer Arbeit befreien, sondern uns zunehmend auch das Denken abnehmen. Wir müssen Maschinen nur noch bedienen und werden so von ihnen zu ihren Bediensteten erzogen. Das beginnt inzwischen schon im Babyalter. Mit dem Blick ins Fernsehen oder ins Internet verschiebt sich die Wahrnehmung der Realität und der Tragfähigkeit unserer Umwelt. Die Grenzen der Realität jedoch erfahren Kleinkinder selber in ihrer näheren Umgebung. Doch mittels rasanter Systeme lassen sich die Folgen über den geistigen Horizont hinaus verschieben. Global wurde man schon vor 40 Jahren, als man diese Grenzen noch nicht überschritten hatte, auf sie hingewiesen.[27] Dass dies möglich ist, kann man sich offensichtlich nicht vorstellen.

Wegbereiter des Zeitalters der Mobilität

Ingenieure waren die am meisten geachteten und bewunderten Wegbereiter müheloser physischer Mobilität ab dem 19. Jahrhundert. Sie brachten die Entwicklung und Konstruktion technischer Verkehrssysteme immens weiter und ermöglichten es, weit entfernte Ressourcen – über Land mit der Eisenbahn, über die Ozeane mit schnellen, leistungsfähigen Schiffen und schließlich mit Flugzeugen – zu erreichen, sie auszubeuten und, falls erforderlich, auch ganze Völker zu unterwerfen.

Bereits in der Antike wurden Erfinder, Techniker und Handwerker hoch geschätzt und zu Recht wird ihre Leistung bis heute bewundert – man denke nur an den Bau der Pyramiden u. v. m.

Der Umgang mit Steinen, Holz, Wasser und dem vorhandenen natürlichen Material war ihnen so vertraut, dass sie verantwortlich damit umgehen konnten. Sie beherrschten die Exergie brennbarer Stoffe und konnten somit die Ressourcen der Erze für die Metallherstellung nutzen. Die Nachfrage erzeugte Bedürfnisse, Potenziale, die Ursache räumlicher Mobilität, den Handel auch über größere Entfernungen hinweg.

Auch griechische und später römische Erfinder, Techniker und Handwerker erfuhren Hochachtung beim Bau von Verkehrswegen seitens ihrer Zeitgenossen sowie weit über ihre Epochen hinaus. Man konnte ihnen vertrauen, dass sie ihre Tätigkeit gewissenhaft und mit Verantwortung ausübten, sowohl etwa für den Bau von Brücken als auch von Barrieren – je nachdem, worum es ging. Die Konstruktions- und Bauaufträge erhielten sie von den jeweiligen

Machthabern, sie waren es nicht gewohnt, selber über Sinn und Zweck ihrer Eingriffe nachzudenken. Ihre fachliche Verantwortung beschränkte sich auf die Haltbarkeit der Konstruktion und des Materials. Darüber hinausgehende Konsequenzen hatten sie nicht zu tragen und mussten sie insofern auch gar nicht mitbedenken. So entwickelten sie Waffensysteme mit derselben Begeisterung wie Verteidigungsanlagen, Zugbrücken, Stadttore, Belagerungseinrichtungen oder Rammböcke. Die Folgen der meisten ihrer Artefakte waren überschaubar, die Eingriffstiefe in die Umwelt und Gesellschaft absehbar. Die Verantwortung für die Verwendung ihrer Artefakte überließen sie ihren Auftraggebern. Es war daher naheliegend, auf das zu vertrauen, was sie jeweils berechnet hatten.

Die Bedingungen änderten sich jedoch, als mit dem dynamischen System des technischen Verkehrs in die Komplexität natürlicher und künstlicher Lebensräume eingegriffen wurde.

Wohlstand durch technischen Erfolg

Mit dem technischen Fortschritt des 19. Jahrhunderts wurde die bis dahin weitgehende Ausgewogenheit des Wohlstands nachhaltig zugunsten der technisch mobileren Staaten verändert.

Chinas 300 Millionen und Indiens 250 Millionen Einwohner (in Summe etwa 60 % der Weltbevölkerung) hatten um 1800 an der Weltwirtschaft einen Anteil von rund 50 % (wie auch etwa um 1600), um 1900 betrug ihr Anteil nur noch weniger als 20 % bei rund 50 % der Weltbevölkerung. Europa, USA und Japan hingegen hatten um 1800 einen Anteil von einem Viertel an der Weltwirtschaft, hundert Jahre später bereits mehr als 50 % – zweifellos ein deutlicher Hinweis auf die Überlegenheit durch technischen Fortschritt.

Disparitäten setzen Personen und Güter in Bewegung, umso mehr, je geringer die Bewegungswiderstände sind. Disparitäten erzeugen Mobilitätszwänge und damit Mobilitätsaufwand, der wiederum, sofern man Kosten und Risiken verringern oder abwälzen kann, die Disparitäten vergrößert. Damit erzeugt man ein Handelsvolumen mit einem Aufwand an Energie und Ressourcen, das in dieser Form ohne technische Verkehrsmittel gar nicht möglich wäre – alles unter dem Begriff eines Fortschritts, der seine Kehrseiten leugnet bzw. gar nicht erst wahrnimmt.

Es gab nicht nur die Verschiebung zwischen dem Wohlstand der Weltregionen, sondern auch innerhalb Europas und der USA. Die Maschinen ließen die Erwartungen der Industriellen hinsichtlich der Produktionsmaximierung ins Uferlose steigen, ebenso wie die Belastbarkeit der Arbeiter. Eine auf Nähe basierende Empathie nimmt mit zunehmender Entfernung und der Zahl der Menschen ab. Das gilt erst recht in Bezug auf Ethnien in entfernt liegenden Kontinenten und deren Zukunft. Jedwede Empathie verschwindet ganz, wenn man sich selbst dank technischer Extremitäten für übermächtig hält und dabei womöglich durch ideologisch oder religiös dogmatisches und dadurch eingeschränktes Denken unterstützt wird.

Auch ohne die Gräueltaten von Seiten der USA, Belgiens, der Niederlande oder Frankreichs aufzuzählen, die ihre technische Überlegenheit ebenso rücksichtslos ausnützten wie einst die europäischen Kolonialherren gegenüber den Kulturvölkern der von ihnen überfallenen Kontinente, bestätigt sich wieder, dass die geistige der technisch beschleunigten Mobilität nicht folgen konnte.

Die Macht der Geschwindigkeit

Mächtige fürchten nichts mehr als Alternativen. Will man herrschen, so ist es klug, die zu Beherrschenden in Bewegung zu setzen und in Bewegung zu halten, damit sie gar nicht erst in die Verlegenheit geraten, über Alternativen nachzudenken.

»Geschwindigkeit und Politik« nennt der französische Kunstglasermeister und »Geschwindigkeitsphilosoph« Paul Virilio[28] eines seiner Bücher, in dem er sich mit diesem Mobilitätsparameter beschäftigt. Ihn nutzten schon die Römer mittels Straßen, auf denen man sich – im Vergleich zu den lokalen Saumpfaden – massenhaft und schneller bewegen und damit ein Weltreich beherrschen konnte. Doch dies war noch immer ungleich langsamer als die technisch möglichen Geschwindigkeiten der Eisenbahnen und Dampfschiffe des 19. Jahrhunderts und verleitete sukzessive zur Machtausübung im globalen Maßstab. Es folgten zwei Weltkriege mit immensen Gewinnen für die Waffenindustrie.[29]

Trotz der hohen Geschwindigkeit von Eisenbahnen wurde Fahrgästen eine gewisse soziale Disziplin über mehrere Stunden hinweg schon wegen der räumlichen Nähe zu den Mitreisenden abverlangt. Zudem konnte man Geschwindigkeit und Beschleunigung lediglich passiv erleben. Soziale Unterschiede in einem Zug, der alle Menschen mit derselben Geschwindigkeit auf denselben Gleisen weiterzubewegen vermochte, erforderten »Klassen«, um den vorhandenen Klassenunterschieden gerecht zu werden. Dies war jedoch noch zu wenig, um dem Bedürfnis nach Repräsentation individuell Rechnung zu tragen. Wenn man bedenkt, dass äußere Repräsentation einem inneren Bedürfnis, also einer Not entspringt, so wird verständlich, dass die Eisenbahn, mit der grundsätzlich alle reisen konnten, dieses Bedürfnis nicht befriedigen konnte – außer man hat seinen eigenen Zug. Individuelle Machtausübung durch Geschwindigkeit konnte die Bahn nicht bieten.

Mobilitätsknotenpunkt Bahnhof

Auf Gleisen kann man zwar schnell fahren, doch von dem einen auf ein anderes Gleis kann man ohne besondere Einrichtungen nicht wechseln. Weichen um »auszuweichen« braucht man, wenn es darum geht, zu überholen. Mehrere Weichen hintereinander nannte man »Weichenstraße«. In diesem Wort schwingt die Sehnsucht mit nach der Freiheit der Straße, damals noch eine Verkehrsfläche, auf der viele Bewegungen und Funktionen gleichzeitig bewältigt werden konnten. An den Bahnhöfen brauchte man mehrere Gleise – nicht nur zum Halten, sondern auch zum Abstellen,

Be- und Entladen der Waggons, für die Reinigungsanlagen und die Wartung der Betriebsmittel, für die Energievorräte und für Wasser.

Bahnhöfe hatten noch bis vor wenigen Jahrzehnten kundenfreundliche, beleuchtete und beheizte Warteräume. Sie waren mit Personen »besetzt«, die nicht nur Verträge – Fahrscheine – an die Kunden verkauften, sondern auch beraten und Hilfe leisten konnten. Im Verlauf der letzten 20 bis 30 Jahre ist der Weg zu den Zügen in großen Bahnhöfen zu einem Spießrutenlauf durch Shoppingmalls geworden, auf kleinen Bahnhöfen fühlt man sich hingegen zumeist verlassen und dadurch verunsichert: ein Zustand, der zu den unangenehmsten überhaupt gehört.

Bahnhöfe wurden im Laufe der Zeit zu wichtigen Zielen und zugleich Ausgangspunkten der lokalen Mobilität von Personen und Gütern und damit zu zentralen Verkehrsknotenpunkten. Hier konnten Menschen von einem in den anderen Zug umsteigen, Waren konnten ver- oder umgeladen und Waggons je nach Bedarf ausgewechselt werden.

Verkehrsingenieure hatten also mehr zu bedenken, als nur schnelle Verbindungen von A nach B zu bauen. Doch leider endete ihr Horizont an den Bahnhöfen – ein verhängnisvoller und für manche Bahnen sogar tödlicher Fehler, was an späterer Stelle noch ausgeführt wird. Ihre einstige Macht im Mobilitätssystem ist durch die mit Machtpositionen gern einhergehende Kurzsichtigkeit verloren gegangen.

Auf großzügige Subventionen folgte meist geistige Trägheit. Zudem hatten Eisenbahnen nahezu 100 Jahre lang keine Konkurrenz zu fürchten. Sie waren schneller, verlässlicher und meist auch billiger als Pferdefuhrwerke, und sie bauten ihre Privilegien, die sie praktisch qua »Geburt« erhielten – wie das Enteignungsrecht[30] – immer weiter aus.

Ein weiterer gravierender Fehler war die mangelnde Beachtung möglicher Gefahren aus der Entwicklung konkurrierender Verkehrsmittel und -systeme.

Probleme fördern geistige Mobilität

Die geringe Steigungsfähigkeit von Adhäsions- oder Reibungsbahnen stellte in unwegsamen Gebieten hohe Anforderungen an die Ingenieure und Planer, alternative Lösungen mit Geist und Verantwortung zu entwickeln. Bahnen besonderer Bauart mit Zahnrädern oder Seilen erweiterten die technische Mobilität auch in solch schwieriges Gelände.

Gegen Ende des 19. Jahrhunderts war man schon nahe daran, Verständnis für weitere Systemwirkungen aufzubringen. Der bei der Nordwestbahn beschäftigte Genieoffizier Eduard Lill erkannte die Bedeutung der weiteren Umgebung der Bahnhöfe für das Bahnverkehrswesen insgesamt. Seine geistige Mobilität reichte erheblich weiter als die der heutigen Eisenbahnverantwortlichen, deren Horizont sich auf die Schienen von Hochgeschwindigkeitsbahnen beschränkt. Wie nahe Lill an die Psychophysiologie und an die grundlegenden Gesetze der Ökonomie gekommen war, erkannte man erst hundert Jahre später.[31] Nahezu bis zur Unkenntlichkeit verstümmelt und mit dem Newton'schen Gravitationsgesetz vermischt, taucht sein Name heute noch fallweise in Wirtschaftslexika auf. Verstanden hat man seine Ansätze nicht, die auf Verhaltensparameter des Verkehrssystems hinweisen, die man erst gegen Ende des 20. Jahrhunderts erkannte. Hätten die Verkehrsökonomen das begriffen, wären sie sogar in der eigenen Disziplin[32] fündig geworden.[33]

Dann kam das Auto, das in der Folge die Probleme der Eisenbahn so gut lösen konnte, dass diese überflüssig zu werden schien.

Heute steckt die Mobilität beider Verkehrsmittel bis über die Ohren in Problemen: die Eisenbahnen in finanziellen und die Autos im Stau – und die Bürger merken noch nicht, was auf sie zukommt.

Gefahr der Umnachtung

Neue Erkenntnisse in verschiedenen wissenschaftlichen Disziplinen, für die gegen Ende des 19. Jahrhunderts bereits die Bezugnahme auf die Evolutionstheorie möglich war, gingen bald unter in der Begeisterung für die Möglichkeiten, die sich durch übermäßige fossile Energienutzung und dann durch das Automobil ergaben. Die geistige Mobilität wurde dermaßen nach außen gelenkt, dass sie bis heute nicht mehr zu ihren Ursprüngen gefunden hat.

Bekanntlich ist das Glück immer woanders, und je schneller man dorthin kommt, desto eher hat man es: ein Grundprinzip schlechter Politik, die unfähig ist, die Probleme dort zu lösen, wo sie entstehen, seit es technische Verkehrssysteme gibt.

Die Aufgabe des Verkehrswesens für das 20. Jahrhundert schien definiert. Die Erwartungen an durch Technik ermöglichte Geschwindigkeiten steigerten sich in den folgenden hundert Jahren von der fixen Idee bis zum Wahn.

»Wahn« wird laut Wikipedia wie folgt definiert: »Der Wahn ist eine die Lebensführung behindernde Überzeugung, an der der Patient trotz der Unvereinbarkeit mit der objektiv nachprüfbaren Realität unbeirrt festhält. Er kann als eine Störung der Urteilsfähigkeit beschrieben werden.«

Der »Patient«, mit dem wir es hier zu tun haben, ist nicht nur das Individuum, sondern die Gesellschaft insgesamt und mit ihr alle Einrichtungen, die sich direkt oder indirekt mit dem heutigen Verkehrssystem und dem, was man als Wirtschaft bezeichnet, beschäftigen. Zu den prominentesten »Patienten« innerhalb Europas gehören die Regierungen und die EU-Kommission. Zu den folgenschwersten Wahnvorstellungen gehören jene, die etwas wachsen sehen, wo Zerstörungen stattfinden, oder die mit einer Größe rechnen, die es in der Realität des Verkehrssystems nicht gibt. Bis es dazu kam, diese Wahnvorstellungen als Normalität zu betrachten, dauerte es aber noch einige Jahrzehnte.

Den Boden unter den Füßen verlieren …

… und gleichzeitig die aufrechte Haltung wahren, hat nicht zwangsläufig unangenehme oder gar schmerzliche Folgen. Es kann durchaus angenehm sein, in weichen Sitzen aufgefangen zu werden, die einen mühelos dorthin »schweben lassen«, wo man zu Fuß nie so schnell hingekommen wäre. Dass man unter solchen Bedingungen an verheerende Folgen denkt, ist jedenfalls eher unwahrscheinlich. Der Hypothalamus hat guten Grund, die Leistungen des Großhirns uneingeschränkt zu feiern, und da ist jedes Denken in eine andere Richtung ein unzulässiger geistiger Aufwand.

Die Reisenden in Fuhrwerken und Kutschen verloren zwar den unmittelbaren Bodenkontakt, doch immerhin hatten die Pferde ihn noch.

Die Reisenden im Zug – einschließlich Personal und Lokführer – haben auch keinen unmittelbaren Bodenkontakt, aber für den Halt sorgen nicht nur die Spurführung durch Rad und Schiene, sondern auch das für dieses Verkehrsmittel eingerichtete umfangreiche »Ersatzhirn« der Signale, Sicherheitseinrichtungen, Betriebs- und Dienstvorschriften und geschlossene Verantwortungskreisläufe.

Das Auto – zunächst aus Bestandteilen vorhandener Straßenfahrzeuge weiterentwickelt – hatte zunächst keine eigenen, glatten, ebenen Fahrbahnen. Dass es jemals eine größere Rolle im Verkehrssystem spielen würde, war nicht abzusehen. Es musste eine Vielzahl innerer und noch mehr äußerer Widerstände überwinden, um sich durchzusetzen. Abenteuerlust, Adel und Reichtum verhalfen ihm dazu, denn es entsprach dem damaligen Verständnis von Fortschritt, der vor allem Fortfahren bedeutete. Angetrieben von dem Rückenwind in eine mechanisierte technische Zukunft wurden die inneren und äußeren Organe des Autos rasch verbessert und die Benutzung angenehmer gemacht. Die Straßen, meist noch unbefestigt und voller Schlaglöcher, machten das schnelle Fahren schwer, das Umfeld in den Ortschaften war unübersichtlich und für den Lenker unberechenbar. Mit der Kraft und der Geschwindigkeit stieß man jedenfalls an Grenzen. Ohne als Autofahrer selbst die Füße am Boden zu haben, konnte man dennoch die Fußgänger mühelos überholen und verdrängen. Daran wurde man allerdings gehindert, solange die Menschen den Verkehr untereinander für wichtiger hielten und *ihren* öffentlichen Raum verteidigten. In London zum Beispiel mussten die Fahrzeuglenker einen Mann mit roter Fahne vorausgehen lassen: ein unerträglicher Zustand für die nun individuell verfügbare geballte Kraft und potenzielle Geschwindigkeit, was wiederum die geistige Mobilität enorm beflügelte, diesen zu beseitigen.

Auch zeigten sich zunehmend Widersprüche zwischen der industriellen Wirtschaft und dem traditionellen Verkehrssystem in den Städten, deren Entwicklung erst im Industriezeitalter ansetzte. Die Einwohnerzahl von New York nahm innerhalb des 19. Jahrhunderts um das 30-Fache auf über drei Millionen zu. Um 1900 wurden über 100 000 Pferde für die Personen- und Güterbeförderung benötigt, um die in der Eile entstandenen räumlichen Defizite dieser Stadt zu kompensieren. Der Gedankenmist der Planer schlug sich im Pferdemist auf den Straßen nieder: Täglich über 1300 Tonnen mussten zeitgerecht entsorgt werden. Prognostiker rechneten bei weiterem »Wirtschaftswachstum« für 1950 mit einer drei Meter hohen Mistschicht.

Der Mist ist von den Straßen New Yorks verschwunden, was Historiker heute zu der kurzsichtigen Aussage verleitet, er hätte sich dank der Autos »in Luft aufgelöst«. Kaum hundert Jahre später tauchte er wieder auf. Man nennt ihn jetzt »Metabolismus der Städte« und er stinkt als Klimawandel zum Himmel. Zurückführen lässt er sich jedenfalls auf den Gedankenmist der damaligen und folgenden Städteplaner, bis zu dem Punkt, an dem die geistige Mobilität in die Pflicht der Automobilität genommen wurde. Dort ist sie bis heute voll beschäftigt.

»Mobilität« in den Städten und auf dem Land

Um die Vorteile der Eisenbahn auch in der Fläche zu nutzen, plante und baute man in den Städten Straßen- oder Trambahnen, U- und Stadtbahnen, wodurch die Bahnhöfe miteinander verbunden wurden. Dadurch konnten sich die Städte räumlich ausdehnen wie nie zuvor. Doch trotz der Bahnverbindungen wuchs die Diskrepanz zwischen Stadt und Land: Die Landbevölkerung, die von den Maschinen nicht so leicht zu erobern und von daher räumlich nicht so mobil war, richtete sich relativ stabil und lebenswert ein, indem sie ihre ohnehin schon seit Jahrhunderten weitgehend autarken Strukturen schrittweise verbesserte. Im Zweiten Weltkrieg waren Stadtbewohner dankbar, dass es diese Strukturen noch gab, sonst wären viele Menschen in den Städten verhungert. Das Problem eines von Fremdenergie abhängigen Verkehrssystems wurde jedoch nur vorübergehend wahrgenommen – und so schnell wie möglich wieder vergessen.

Pferde waren in ländlichen Gebieten nach wie vor die dominierende Transportform, die den Vorteil des solaren Antriebs nutzte und überall dort, wo es Wasser und fressbare Pflanzen gab, »Tankstellen« am Weg fand. Die Nachteile lagen in der Inbetriebnahme, die Stunden dauerte, sowie in der geringen Geschwindigkeit und der begrenzten Transportkapazität. Immerhin prägen die Eigenschaften dieses Transportsystems die Siedlungsstrukturen Europas bis heute. Nach einer Tagesreise von 30 bis 40 Kilometern musste gehalten werden.

Und überall, wo Verkehr zum Stillstand kommt, wo Menschen ein- und aussteigen, Waren aus- und eingeladen werden, gibt es wirtschaftliche Effekte. Die Entfernungen zwischen den Bezirksstädten entsprechen häufig den Tagesreisen der Fuhrwerke.

Was jedoch aktuell von Seiten der Wirtschaft und der Politik im regionalen Planungskontext übersehen wird, sind die Störungen vielfältiger Art, die durch Verkehrssysteme entstehen. Hochgeschwindigkeitsbahnen, für die keine Bahnhöfe existieren, sind nur eines von vielen Beispielen dafür.

Davon betroffen ist vor allem das »moderne« Eisenbahnwesen, das sich auf die hohen Geschwindigkeiten konzentriert und längst den wirtschaftlichen Boden unter den Rädern verloren hat, der bekanntlich nur über die Bahnhöfe erreicht wird. Um schneller zu sein, schließt man aber immer mehr Bahnhöfe und sogenannte Nebenbahnen – und sich damit von der lokalen Wirtschaft und den Menschen aus. Politiker, selbst vom Geschwindigkeitswahn befallen, fördern dies mit Unsummen an Steuergeldern. Der Bevölkerung fällt das nicht mehr auf, weil sie in der Zwischenzeit selbst schnell unterwegs und räumlich mobil ist wie nie zuvor. Landgemeinden und Städte haben zunehmend wirtschaftliche Probleme. Sie haben sich diese Grube, in die sie gefallen sind, zumeist selbst gebaut: Fahrbahnen, die »Infrastruktur« für teure, schnelle Verkehrssysteme. Solche Systeme entmachten jedoch nicht nur Gemeinden, sondern auch ganze Staaten, und sie steigern die Macht der Konzerne.

Wären die Pflanzen ebenso kurzsichtig, so wäre unsere Erde wohl nicht mehr lebenswert. Dank ihrer Systemintelligenz und der evolutionären Erfahrungen haben Pflanzen jedoch auch heute noch Zeit, sich das absurde Treiben gelassen anzuschauen, und sie können warten.

Die unsichtbare Hand

Alle, die vor hohen Geschwindigkeiten warnten, wurden durch den Fortschritt der Technik und die offensichtlichen Vorteile der modernen Verkehrsmittel eindrucksvoll widerlegt.

Die Ökonomen bekamen durch die Eisenbahnen Aufwind und waren bald mit Theorien zur Stelle, die das wunderbare Wirtschaftswachstum überzeugend erklärten. Bis heute berechnen sie wegen des großen Erfolges aus dem »Zeitgewinn« der schnellen Verkehrsmittel erstaunlichen Nutzen und wirtschaftliche Vorteile.

Das Denken ist linear geworden. Es zählt daher nur die »Zeiteinsparung« zwischen den Bahnhöfen. Bewertet wurden die Vorteile für die Städte und die Großindustrie, wo eine »unsichtbare Hand« auf geheimnisvolle Weise aus dem Nichts Geldwerte hervorbrachte. Dass die ländlichen Gebiete verödeten, ihre Facharbeiter und das lokale Handwerk verloren, dass ganze Dörfer und Siedlungen in der Nähe der Städte zu Vorstädten degradiert wurden, kann man, wenn man linear denkt, nicht wahrnehmen. Auch die Zeitverluste durch erzwungene Umwege und lange Sperrzeiten an den Bahnkreuzungen werden weder gesehen noch beachtet.

Unsichtbar bleiben auch die langsamen Veränderungen durch die schnellen Verkehrssysteme ebenso wie die geschlossenen Bahnhöfe.

Entgegen allen Prognosen müssen jetzt auch Städter für die Freizeit längere Wege auf sich nehmen, weil nahe liegende Erholungsgebiete verbaut wurden. Es wurde Mobilitätsbedarf geschaffen und der Aufwand für Mobilität erhöhte sich. Gründerzeitviertel, oft Massenquartiere für das Industrieproletariat, aus der Landbevölkerung durch diese technischen Fortschritte dazu umfunktioniert, wurden zur Quelle sozialrevolutionärer Bewegungen.

Nicht einmal die offensichtlichen Widersprüche zwischen dem aus Zeitgewinn berechneten Nutzen und dem Scheitern etlicher privater Bahninvestoren nahm man zum Anlass, all die Annahmen erneut und sorgfältig zu überprüfen. Statt der berechneten Gewinne aus Zeiteinsparungen mussten Eisenbahnen von den jeweiligen Staaten übernommen und subventioniert werden. Wieder hatte die technische Mobilität die geistige – in diesem Fall die der Ökonomen – so weit überholt, dass sie bis heute nicht aufholen hat können. War auch hier die unsichtbare Hand – diesmal zum Nachteil gereichend – im Spiel?

Doch diese Frage stellte man sich erst gar nicht, denn die ökonomische Ideologie erlaubte keine Alternativen. Die unsichtbare Hand ist ja nur auf geheimnisvolle Weise wert*schöpfend*, niemals wert*mindernd*.

Die Grundlagen der Thermodynamik waren jedoch bereits am Ende des vorletzten Jahrhunderts bekannt – nur nicht in den Wirtschaftswissenschaften, und das vermutlich bis heute.

Das Wunder müheloser räumlicher Bewegung

Mühelos ist eine Bewegung nur dann, wenn man selbst die dafür eigentlich unvermeidlich notwendige Energie *nicht* aufbringen muss.

Politische wie religiöse Führer, insbesondere fundamentalistische, waren und sind meistens dann erfolgreich, wenn es um den Ersatz der teuersten Energie der Menschen, nämlich der geistigen Energie geht. Sie wollen die Richtung des Denkens bestimmen, selten in eine gute, häufig in eine verhängnisvolle.

Evolutionär gesehen neigen Menschen immer zum bequemeren Weg, nämlich dazu, lieber außen etwas zu bewegen als innen.

Das Wunder müheloser und selbst herstellbarer räumlicher Mobilität stellten Techniker durch das Auto in Aussicht. Abgesehen von einigen Schwächen wie der Bereitstellung ausreichender Energie, wegen der sich Dampf-, Elektro- und Explosionsmotoren im Wettbewerb befanden, und einer passenden Infrastruktur standen diesem Verkehrsmittel bereits alle Wege und Straßen zur Verfügung – ein erheblicher Vorteil gegenüber den spurgebundenen Eisenbahnen. Auch eine billige Energiequelle war vorhanden, das Erdöl, das man in den USA seit 1859 in weit größeren Mengen aus dem Boden gewinnen konnte als zu der Zeit, in der man es lediglich als Heilmittel gegen Rheuma, Krebs oder Brustkrankheiten verwendete.

Verbrennen war die Lösung – zunächst als Heizöl für Fabriken und Schiffe und schon bald – in raffinierter Form – als Petroleum und Benzin.

Die Fähigkeit, alternativ zu denken, kombiniert mit einem rücksichtslosen Geschäftssinn und kurzsichtigen Eisenbahnverwaltungen verschaffte Rockefeller zunächst das Monopol im amerikanischen Ölgeschäft und in der Folge auch die Kontrolle über die Eisenbahnen, die fortan keine Tonne Öl ohne seine Zustimmung befördern durften.

Wer das Verkehrssystem unter seine Kontrolle bringt, kontrolliert auch bald seine Konkurrenten, die davon abhängig sind. Um auch China vom Petroleumkonsum abhängig zu machen, verteilten die US-Firmen Millionen von Petroleumlampen und verkauften weitere Millionen zu Dumpingpreisen. Das Auto bot sich als Problemlöser für die Ölkonzerne an, denn es versprach einen Massenabsatz. Bereits 1902 benötigten die 23 000 Autos in den USA 800 000 Tonnen des Treibstoffs, zehn Jahre später wurden bereits über drei Millionen Tonnen verkauft.

Rockefellers Ölkonzerne setzten jedoch nicht nur Eisenbahnen, Schiffe und Autos in Bewegung, sondern zwangen auch Politiker zum Handeln und bemüßigten die Konzerne, sich an das Sherman-Antitrust-Gesetz von 1890[34] zu erinnern, das »Trusts und Vereinigungen zur Einschränkung des Handels und der Produktion für ungesetzlich« erklärte[35] und 1911 zur Zerschlagung der Standard Oil Company führte.

Geistige Mobilität braucht leider oft äußeren Zwang – und wurde, wie auch in diesem Fall, bald wieder übertölpelt.

Der Geist aus der Flasche im Tank

Um diese Entwicklung zu stoppen, war es aber schon zu spät. Der Geist war nicht nur schon aus der Flasche, wo man ihn einst noch in Apotheken aufbewahrte, sondern bereits in den Tanks der Autos. Als es Henry Ford dann gelang, die Autos durch industrielle Fließbandarbeit und Vereinheitlichung so billig herzustellen, dass man damit einen nicht unerheblichen Teil des Geldes, das man den Arbeitern zahlte, wieder zurückbekam, indem man ihnen die Produkte, die sie selbst produziert hatten, teurer verkaufte, konnte die Massenverbreitung beginnen. Dies entspricht letztlich dem Prinzip aller Drogenverkäufer: Abhängigkeiten zu erzeugen, wurde hier instinktiv vorweggenommen und hat sich als allgemeine Praxis der Konzerne in den meisten Industrien global durchgesetzt.

Die Motorisierung begann in den USA zunächst zögerlich. 1900 waren es nur 0,11 Autos auf 1000 Einwohner, 1930 schon 217, in Europa wurden diese Werte erst etwa 30 Jahre später, in China bis heute nicht erreicht.

Der Zweite Weltkrieg konnte diesen Aufwärtstrend nur vorübergehend bremsen; heute sind es über 828 Fahrzeuge auf 1000 Amerikaner, mehr als der Anteil der Erwachsenen. Mitgewachsen ist die Macht der Auto- und Ölkonzerne.

China zeigt der Welt eindrucksvoll, wie man in der Mobilität aufholen kann. In Schanghai wurde das Zentrum der Stadt ausradiert, um einem riesigen Autobahnknoten Platz zu machen, auf dem rund um die Uhr Verkehr erzeugt wird – und das bei einem Motorisierungsgrad von knapp 100 Pkw auf 1000 Einwohner. Auch Peking beweist, dass nicht nur auf fünf Autobahnen rund um die Stadt der perfekte Stau erzeugt werden kann, sondern widerlegt auch die Theorie der Raumplanung von der besseren Erreichbarkeit durch schnelle Verkehrssysteme.

Vom Wohnort meines Freundes, der rund zwölf Kilometer außerhalb von Pekings Zentrum liegt, radelten wir vor 30 Jahren bequem in etwas mehr als einer Dreiviertelstunde ins Zentrum von Peking. Dieselbe Strecke mit dem Auto schafft man heute, mit Glück, in 70 Minuten. Mit dem Fahrrad hat man wegen der fünf Autobahnbarrieren ohnehin keine Chance mehr. Dass der Sprit nicht im Tank bleibt, zeigt die »konzentrierte« Atemluft in Peking auf dem Weg in die Atmosphäre, wo sie sich an die Arbeit mit dem Klima macht.

Wenn das Recht nicht mehr mitkommt

Die Konzerne als juristische Personen sind inzwischen so omnipotent und -präsent, wie sie dank schneller Verkehrsmittel flüchtig werden und damit demokratisch legitimierte Einrichtungen entmachten. Ihre Macht, seit jeher auf schnellen, billigen Verkehrssystemen gegründet, ist so gewachsen, dass ihnen das Recht nicht folgen konnte. Nach der »goldenen Regel« »Wer das Gold (Geld) hat, macht die Regeln« wurden die Welthandelsorganisation WTO, der internationalen Währungsfond IWF und die Weltbank eingerichtet, um über die Staaten zu herrschen. Verhält sich die Bevölkerung unbotmäßig gegenüber dem Kapital, wird sie er- und ausgepresst.

Nationales Recht wird durch nicht demokratisch legitimierte, übergeordnete Strukturen wie die EU-Kommission ausgehebelt, um das Denken gezielt im Interesse der Konzerne zu lenken. Um im »Wettbewerb gegen alle« bestehen zu können, muss die Bevölkerung Verzicht üben lernen. Wie viele Europäer interessiert schon der »Wettbewerb mit den USA«? Unfassbarer Schwachsinn in einer Welt, in der dieselben Konzerne längst auf allen Kontinenten herrschen und in der das Finanzkapital global mobil ist.

Schlechte Politiker haben eine Affinität zu schnellen Verkehrssystemen. Damit können sie ihre Verantwortung für lokale Probleme in die Ferne, die Gemeinde auf das Land, dieses auf den Staat, dieser an die EU oder das Ausland abschieben und die Menschen in Bewegung halten. Das Auto fungiert hier gewissermaßen als Droge. Gibt man dem Volk die Möglichkeit, Auto zu fahren, kann man sich Revolutionen sparen. Diese finden statt, wo Menschen mit geistiger Mobilität aktiv werden und auf die Straßen gehen: in Ägypten, wo das Erdöl ausgeht, auf dem Wenzelsplatz in Prag oder beim Berliner Mauerfall. Hätte man sie dort jeweils mit genügend Autos versorgt, wären die Demonstrationen zu einem Autostau, zu einer hupenden Anhäufung aus Blech und Plastik verkommen. Als politische Aktion höchstens ein Kampf um mehr Parkplätze oder billigeren Treibstoff – das, was von geistiger Mobilität auf Rädern bleibt. Beim Autofahren gibt man die aufrechte Haltung und die damit verbundenen Menschenrechte gerne auf. Das menschliche Wertesystem kommt »unter die Räder«.

Die Umformung des Wertesystems der Gesellschaft

Von den Eisenbahntrassen aus Sicherheitsgründen ferngehalten und damit eingeschränkt wurde die früher relativ freie Mobilität von Fußgängern, Radfahrern, Fuhrwerken. Das Wertesystem wird unter dem Einfluss moderner technischer Systeme umgeformt: Nicht mehr die Schwachen und Langsamen haben Priorität wie in einer zivilisierten, kultivierten und sozialen Gesellschaft, sondern diejenigen, die über potente und schnelle Maschinen verfügen: ein Verkehrssystem ganz im Sinne der politischen, militärischen und wirtschaftlichen Mächte.

Das Wertesystem als Sammelbegriff für die Gesamtheit aller Normen, denen sich Individuen oder Gruppen von Personen verpflichtet fühlen, wird nach außen durch die Lebenskultur abgebildet und definiert mögliche Handlungsweisen in einer sozialen Situation. In keiner menschlichen Kultur ist es vorgesehen oder gar üblich, Kindern ihre Lebensräume wegzunehmen, die Nachtruhe rücksichtslos zu stören oder die Luft mit giftigen Gasen zu verunreinigen. In der menschlichen Wertehierarchie genießt der Schutz des Lebens höchste Priorität – nicht so jedoch in der Realität der automobilen Gesellschaft. In dieser haben die Maschinen und die, die sie bedienen, mehr Rechte als die »normalen« Bürger.

Schon das Eisenbahnenteignungsgesetz ist Ausdruck einer Wertehaltung der Industriegesellschaft, die mit der Einführung der Todesstrafe für Maschinenstürmer (»Ludditen«) in der ersten Hälfte des 19. Jahrhunderts eine neue Hierarchie begründete.

Als Autofahrer kann man die Atemluft mit Feinstaub verunreinigen, Fußgänger mit Schmutzwasser bespritzen und das noch nicht einmal wahrnehmen. So etwas umgekehrt einem Auto »anzutun«, kommt einem Tabubruch gleich.

Dass die Vernichtung von Menschenleben jedes Wertesystem einer Zivilisation verletzt, bedarf keiner weiteren Erklärung. Trotzdem findet dies auch bei uns im öffentlichen Raum täglich statt. Abgeschoben wird das auf die »Eigenverantwortung«. Dies gilt auch für Handlungen, die Unschuldige krank machen und ihre Lebenserwartung verkürzen. Man stelle sich das für die öffentliche Wasserversorgung vor: Jeden Tag sterben in Österreich zwei Menschen an verunreinigtem Trinkwasser, 130 Menschen erkranken daran, und der Staat reagiert mit einer »Wasserbenutzungsverordnung«, die dem Einzelnen vorschreibt, wie er sich zu verhalten hat – und geht zur Tagesordnung über. Jährlich wird die Wasserunfallbilanz veröffentlicht, und die zuständige Ministerin präsentiert stolz einen Rückgang von 3 %. Mindestens 130 Jahre hinkt man dem Verkehr geistig nach, wenn man bedenkt, dass das Cholera-Bakterium, das diese Seuche durch die Verkehrsrevolution verbreiten konnte, 1884 entdeckt wurde und sich das Vorsorgeprinzip bezüglich des Trinkwassers durchsetzte.

Die Autogesellschaft – eine eigene Spezies

Die Autogesellschaft, zu der die menschliche Gesellschaft geworden ist, ist eine eigene Spezies. Wie Viren die Zellen verändern, von denen sie akzeptiert werden (an die sie »angedockt« haben und in die eingedrungen sind), dringen Autos in die tiefste Schicht der Hirne ein und verändern sie in ihrem Sinn.[36] Was im Hirn drinnen ist, kommt auch heraus: das absolute Primat der Autos. Das Auto bestimmt das Wahrnehmen und das Handeln – und damit das Wertesystem, in dem es sich und seine Bedürfnisse an die Spitze setzt. Besonders anfällig für dieses Virus sind diejenigen, die von der Autoproduktion und -nutzung gut leben können: Auto- und Ölkonzerne, Baufirmen und Banken. Dazu gehören weiters alle Experten, die unter den geistigen Anforderungen langsamer Mobilität beruflich zu leiden hätten, wie beispielsweise Stadt- und Raumplaner, Politiker, die Probleme, die sie selbst erzeugen, möglichst weit auszulagern trachten, sowie auch die Bevölkerung, die von dem Autowahn befallen wurde. Der Siegeszug des Autos zum dominierenden Verkehrsmittel unserer Zeit wurde sozusagen »von innen her« vorbereitet, so wurde auch die geistige Mobilität für seine Interessen in die Pflicht genommen.

Von Straßen zu Autobahnen

Durch Fließbandfertigung konnten Autos zu erschwinglichen Preisen verkauft werden und immer mehr Menschen konnten es sich leisten. Sie verlangten entsprechende Fahrbahnen. Man begann also, die Straßen in Fahrbahnen für Autos auszubauen. Dazu bildete man Fachleute für Straßenverwaltungen und Planungsbüros aus. Mit der Physik und den Materialien war man gewohnt, verantwortlich umzugehen, mit den Abmessungen und der Fahrgeometrie musste man sich jedoch erst vertraut machen.

Wie man einst für die Züge die Spurbreite der Kutschen übernommen hatte, orientierte man sich für die Fahrbahnbreite zunächst an den Maßen der Fuhrwerke und am verfügbaren Raum. Im schwierigen Gelände schmiegten sich die Fahrbahnen gekonnt an, seit es Straßenbau gibt. Tempolimits im Freiland gab es nicht. Auch den Begriff Mobilität kannte man damals noch nicht. Man »fuhr« mit dem Auto – so schnell es der Motor, das Fahrgestell und die Fahrbahnen erlaubten und so weit es Zeit, Tankstellen und Brieftaschen zuließen. Es war die Zeit der »Herrenfahrer« auf einsamen Straßen in malerischer Landschaft – ein früher beliebtes Motiv aus der Autowerbung.

Der Umbau bereits bestehender Straßen in Fahrbahnen und die Verbannung aller anderen Verkehrsteilnehmer reichten noch nicht. Man musste neue, den Ansprüchen der schnellen Autos gerechtere Straßen bauen. Ein Mailänder Ingenieur, Piero Puricelli, konzipierte Fahrbahnen, die nur den Automobilisten vorbehalten und durch Benutzereinnahmen finanziert werden sollten. Was in Italien bald scheiterte, weil die Nachfrage ausblieb.

Erst im Deutschland des Dritten Reiches erlebte der Autobahnbau seine erste Blüte, allerdings auf Kosten des Staates und zur Freude der Bauindustrie. Diese erkannte die Chance, sich langfristig Aufträge und Gewinne auf dem Rücken der Steuerzahler zu sichern. Zu den Auto- und Ölkonzernen gesellten sich die Baukonzerne und damit auch die Banken und heute zusätzlich die Elektronikkonzerne als Treiber der Mobilität, ein Begriff, den man sich angeeignet hatte.

Bezüglich der Fahrbahnbreite orientierte man sich an den USA und vergrößerte die dortigen 12 Fuß hier auf 3,75 Meter, die zur Norm wurden.

Als rund 40 Jahre später der Zusammenhang zwischen Fahrbahnbreite und Geschwindigkeit erkannt wurde und die Überdimensionierung nachweisbar war, hatte sich das Verkehrswesen gegen wissenschaftliche Erkenntnisse schon ziemlich immunisiert. Man war bereits im Zeitalter der Mobilität angekommen und nahm es mit den Begriffen nicht mehr so genau.

Die Überdimensionierung mobilisierte die Pkw- und Lkw-Branche zum Bau immer breiterer und schwererer Fahrzeuge. Die überdimensionierten Fahrbahnbreiten und Brücken ermunterten die Fahrzeugbauer zu größeren Abmessungen und die Transporteure zur Überladung der Lkw. Konstruktive, statische Elemente der Infrastruktur setzten eine Dynamik der Fahrzeugkonstruktion und des Transports- und Rechtssystems in Bewegung, die nie beabsichtigt war. Völlig ungewohnt für das konstruktive Ingenieurwesen, das ja auf höhere Lasten durch größere Abmessungen zu reagieren gelernt hat und nicht begreifen konnte, dass es selbst der Auslöser einer Dynamik durch Statik wurde.

Am wichtigsten war jedoch die Geschwindigkeit: wegen der Zeiteinsparung und des Nutzens, den sie brachte.

Leitgröße Geschwindigkeit

Traditionell baute man Straßen nach den Prinzipien Zweckmäßigkeit, Sparsamkeit und Wirtschaftlichkeit. Gute Straßen mussten sicher begeh- und befahrbar sein und auf Dauer geringe Bau- und Erhaltungskosten haben. Intelligente Ingenieure waren gefordert, um die damit einhergehenden topografischen, klimatischen und konstruktiven Aufgaben zu bewältigen. Straßen passte man daher an die Landschaft an, man war flexibel in der Linienführung und sorgsam bei der Materialwahl. Nicht die Geschwindigkeit, sondern Tagesreisen und Stützpunkte waren interessant, damit Güter unbeschadet transportiert werden und Personen sicher reisen konnten. Raststellen in kurzen Abständen brachten Geld in die Gasthäuser und die lokale Wirtschaft; Baumalleen wurden als Klimaanlagen für Wanderer, Reiter und Fuhrwerke gepflanzt, man arbeitete mit der Natur.

Das änderte sich mit dem Autoverkehr grundlegend. Die Geschwindigkeit wurde zur einzigen Leitgröße. Sie allein bestimmte die Kurvenradien, die Breiten, die zulässigen Steigungen und es wurde immer rücksichtsloser in die Natur und die Landschaft eingegriffen. Bäume musste man aus »Sicherheitsgründen« beseitigen. Zerschellte ein Autolenker an einem Baum, wurde dieser »aus Rache« »liquidiert«. Denn der Baum war »schuld« – nicht das Auto, die Fahrbahn oder der Lenker.

Fahrbahnbau wurde teurer, weil die Radien größer und die Steigungen gering sein sollten, um das hohe Tempo zu gewährleisten. Dies erforderte größere Dämme und Einschnitte, längere Brücken und Tunnel. Doch hohe Kosten waren nicht das Problem für die Planer; sie wussten, wie sie den Nutzen aus hohen Geschwindigkeiten berechnen konnten. Mit Unterstützung der Ökonomen erfand man eine Methode, die traditionelle Physiker, die immer noch daran glaubten, dass Geschwindigkeiten ein Aufwand und daher Kosten wären, widerlegen konnte. Es ging um die einfache Schlussrechnung: Wie viel Zeit kann man sparen, wenn man eine Strecke von 100 Kilometern mit 100 km/h statt mit 50 km/h fahren kann? Weiß ja jedes Kind. Diese simple Rechnung befreite Ingenieure von der Sorge wirtschaftlichen Bauens. »Zeiteinsparung« durch Geschwindigkeit – so lautete fortan das Motto.

Wenn aus Kosten der Nutzen berechnet wird

Jede Behinderung kostet Zeit und bedeutet eine Einschränkung der Mobilität. Die »eingesparte Zeit« wird mit dem Wert der Zeit multipliziert und liefert so den Nutzen für die Gesellschaft: je schneller das Verkehrssystem, desto größer der Nutzen. Mobilität muss aus wirtschaftlichen Gründen schnell sein. Die Methode ist so einleuchtend, einfach, überzeugend und über jeden Zweifel erhaben, dass man sich jeden weiteren Gedanken ersparen kann.

Das war daher auch der Fall. Die Welt des Verkehrswesens entfernte sich immer weiter von der Realität, wie die Autofahrer von den Fußgängern.

In der realen Welt muss jedes lebendige System ständig Energie, d. h. Kosten, aufwenden, um seine Struktur zu erhalten. Der Energiebedarf nimmt mit der Geschwindigkeit zu: eine lebenserhaltende negative Rückkopplung, wenn man zu Fuß unterwegs ist. Der Luftwiderstand steigt sogar mit dem Quadrat der Geschwindigkeit. Mehr als sieben von zehn Litern Treibstoff werden bei einer Autobahnfahrt zur Überwindung des Luftwiderstandes – also zum Luftschieben – verbrannt. Realität ist etwas für Fußgänger, nicht aber für den Autofahrer. Denn wer übernatürlich, stark, mühelos und schnell über immer ebenere Fahrbahnen »schwebend« rasen kann, der lässt die Realität hinter sich.

Der »Zeitgewinn« durch Geschwindigkeit reicht auch locker für die Erhaltungs- und Betriebskosten. Ausgerüstet mit diesem »theoretischen« Rüstzeug war es logisch, dass man alles, was der Geschwindigkeit im Wege stand, ausräumen durfte und sogar musste. Auch Gebäude wie Häuser oder Kirchen mussten dem Auto weichen. Alleen, einst zum Schutz der Fahrbahnen und als Klimaregler gepflanzt, mussten beseitigt werden, denn sie waren zur Gefahr für den rasenden Autoverkehr geworden (obwohl es keinen empirischen Nachweis für auf die Fahrbahn springende Bäume gibt).

Für die Fußgänger, die den Schnellen gefälligst aus dem Weg zu gehen hatten, hatte die Zeit keinen Wert, der Aufwand für die durch die Fahrbahnen erzwungenen Umwege und Wartezeiten kein Gewicht. Die Parlamente beschlossen Straßenverkehrsordnungen, in denen die Privilegien der Autofahrer im öffentlichen Raum festgeschrieben wurden. Die langsamen »Natürlichen« hatten sich den Bedürfnissen der schnellen »Übernatürlichen« unterzuordnen.

Mobilität heißt, »sich mit technischen Prothesen möglichst bewegungslos sitzend schnell zu bewegen«.

Die ursprüngliche Mobilitätsbegrifflichkeit wurde in ihrer Wechselwirkung nicht mehr wahrgenommen. Die geistige Starre, das

Pendant zur mühelosen räumlichen Mobilität, ließ das nicht mehr zu. Geistige Mobilität wurde in die Pflicht des Autos genommen, in Universitäten, Verwaltungen, Wirtschaft und Politik.

Wo ist die durch schnelle Mobilität gewonnene Zeit hingekommen?

Folgte die Realität den Berechnungen, müssten motorisierte Gesellschaften mehr Zeit haben als nichtmotorisierte. Eigenartigerweise scheint aber das nicht der Fall zu sein, man beachte nur das allerorten verbreitete Stresssyndrom.

Diesem Widerspruch ist nachzugehen. Was ist mit der »eingesparten Zeit« passiert?

Vergleicht man die Wegzeiten der Verkehrsteilnehmer miteinander, stellt man fest, dass sich die Mobilitätszeiten von Fußgängern und Radfahrern nicht von denen der Autofahrer unterscheiden. Die durchschnittliche Zeit für Mobilität ist eine Systemkonstante. Das hätte man allerdings schon vor über 100 Jahren aus dem Lill'schen Reisegesetz ableiten können.[37] Wird die Geschwindigkeit erhöht, so verringert das nicht den Zeitaufwand, sondern es verlängern sich die Wege im System, und damit verändert sich die Lage der Strukturen.

Im Verkehrssystem gibt es keine Zeiteinsparung durch Geschwindigkeit; die Zeiteinsparung im System ist immer null. Und mit der Größe null kann man keinen Nutzen berechnen.

Die frühere Dichte eines Dorfes oder einer Stadt muss sich bei höherer Systemgeschwindigkeit unweigerlich auflösen und die Vielfalt der Funktionen entmischen. Automobilität löst die Siedlungen im Raum auf. Diese Phänomene bezeichnet man als Zersiedlung und Konzentration. Ihnen stehen Fachwelt und Politik hilflos gegenüber, wenn sie versuchen, diese Entwicklung durch Straßenbenutzungsgebühren wie Maut und Road-Pricing zu verhindern. Angepasste und vor allem gebaute Strukturen bestimmen das Verhalten. Diese wiederum verleiten die Menschen zum Autofahren.

Werden sie durch anfallende Gebühren dafür bestraft, so fühlen sie sich ungerecht behandelt. Würde man Versuchstiere durch ein bauliches Umfeld zu einem Verhalten verleiten, dem sie sich nicht entziehen können, und sie dann dafür bestrafen, dann wäre eine Anzeige wegen Tierquälerei fällig. In der heutigen Verkehrspolitik ist die Gebührenerhebung jedoch längst gängige Praxis, von der EU als Erfolg gefeiert und mit Unsummen an Forschungsgeldern als »Best-Practice« dokumentiert. Architekten, Städte- und Verkehrsplaner beschwören »die Stadt der kurzen Wege« wie einst das himmlische Jerusalem. Das Auto, bevorzugt ein Elektromobil, gehört auf jeden Fall dazu. Das Gleichnis vom Kamel und vom Nadelöhr kennt man leider nicht mehr. Dass durchs Autofahren sichere, kurze und billige Wege durch gefährliche, lange und teure ersetzt wurden, wird als »Verkehrsleistung« bezeichnet, auf die man wohl noch stolz sein darf.

Die primitive Stadt

Verglichen mit den mittelalterlichen Städten und ihren verschlungenen Gassen und versteckten Plätzen weisen moderne Städte ein viel einfacheres Wegenetz auf, meist stereotype Wiederholungen von Rechtecken oder gewundenen Fahrbahnen, an denen entlang die Gebäude gleicher Funktion aufgereiht sind. Nicht nur die Form, sondern auch der Inhalt spiegeln die Einfalt ihrer Schöpfer wider. Monotone Wohngebiete, davon isolierte Beschäftigungszentren und »Shopping-Citys« sind der äußere Ausdruck dieser »Ordnung«. Funktionen werden räumlich getrennt und mit leistungsfähigen Verkehrswegen miteinander verbunden.

Zur Aufrechterhaltung der Strukturen und Funktionen brauchen Städte laufend Energie und Ressourcen, je mehr, desto schlechter werden sie geplant und organisiert. Das fehlende Verständnis für eine lebendige Stadt, die Ignoranz der Planer, lässt sich direkt am Verbrauch an Exergie ablesen, den Bewohner und Wirtschaft aufwenden müssen. Damit bezahlen sie die Mängel geistiger Mobilität der Planer und Entscheidungsträger teuer. Diese verstoßen gegen das Verursacherprinzip, haben sich jedoch durch Gesetze, Richtlinien und Berufsvereinigungen wirksam abgesichert. Seit es billige fossile Energie für Mobilität gibt, nehmen der Mangel an Zivilisiertheit, die strukturelle Intelligenz und die übermäßige Einfachheit – drei Indikatoren der Primitivität – rapide zu. Technische Mobilität hat sozusagen einen Schutzraum für planerische und städtebauliche Primitivität geschaffen.

Alte wie neue Städte sind künstliche, von Menschen gemachte Strukturen, Produkte aus den Köpfen der Planer, Investoren, Politiker, die entsprechende Fachausbildungen absolvierten.

Wenden wir dieses Prinzip nun auf eine Wohnung an, so wird der Irrsinn begreifbar. Trennt man die Funktionen einer Wohnung – so wie es heute die Raum- und Stadtplanung praktiziert – voneinander und schreibt jeder Funktion einen Parkplatz für Autos vor, werden etwa Schlafraum und Bad oder WC kilometerweit voneinander getrennt und mit schnellen Verkehrsmitteln verbunden. Dies ist im vergangenen Jahrhundert mit den Siedlungen passiert. Die einst lebendige Stadt wurde zerstückelt und hängt am Tropf des Erdöls oder anderer Energiequellen wie ein Patient in der Intensivstation. Dreht man den Zufluss ab, stirbt sie.

Das Instrument dieser Stadtzerstörung passt zur geistigen Einfachheit der Planung, wenn die Stadt oder Gemeinde im Maßstab der Autos 1:5000 dargestellt wird, in dem der Maßstab des Menschen mit einer Schrittlänge von 0,15 Millimetern nicht mehr wahrnehmbar ist. Unter diesen Bedingungen von nachhaltiger menschengerechter Stadtplanung und -entwicklung zu sprechen, ist blanker Zynismus. Hier wird der Irrsinn begreifbar, nicht aber auf der Skala der Raum-, Städte- und Verkehrsplanung. Die schnelle Mobilität hat die Werkzeuge der Planer so verändert, dass sie gar nicht mehr merken, wie sie den Patienten, den sie operieren sollen, zerstören, so als würde ein Mediziner für eine Mandel- oder Blinddarmoperation eine Kettensäge verwenden. In der Medizin würde man den Schaden jedoch sofort bemerken, in der Stadtplanung und Architektur wird dieser Maßstabsverlust als großartige Leistung gefeiert.

Schnelle, billige und bequeme Verkehrsmittel haben zuvor ungeahnte Freiheiten eröffnet. Man merkt nicht einmal, dass die Vorzeichen vertauscht wurden, wenn man den Aufwand an Kilometern, sprich Kosten, als »Verkehrsleistung« bezeichnet.

Sind die Begriffe einmal falsch, wird alles, was darauf aufbaut, nie mehr richtig sein. Eine der unbegrenzten Ressourcen der Menschheit, die Dummheit, wird hier ausgiebig genutzt, wenn »schnelle Verkehrssysteme die Erreichbarkeit verbessern und damit die Standortqualität aus dem Nichts erhöhen«. Dass mit jeder Verbesserung eines Standortes eine relative Verschlechterung aller anderen verbunden ist, erkennt man nicht. Man kann auch von »inverser Physik« reden, die zu diesem inversen Universum des Denkens passt.

Motorisierung als Grundlage der Massenmobilität

Mit dem Auto konnte mehr erreicht werden als zu Fuß, mit dem Fahrrad oder dem öffentlichen Verkehr, man wurde zeitlich und räumlich freier.

Gefördert von der Politik nach dem Zweiten Weltkrieg erfüllte sich so Hitlers Wunsch, festgeschrieben in der Präambel seiner »Reichsgaragenordnung« aus dem Jahr 1939: »Die Förderung der Motorisierung ist das vom Führer und Reichkanzler gewiesene Ziel.« Die Siegermacht USA war der motorisierte Beweis dafür. »Freie Fahrt für freie Bürger« war im besetzten Deutschland der Slogan des ADAC, der »Leberplan«[38] sollte den elf Millionen Autofahrern wieder freie Fahrt verschaffen. Vollmotorisierung lautete jetzt das Ziel, 1954 für Deutschland mit 62,4 Pkw auf 1000 Einwohner prognostiziert, aber schon fünf Jahre später weit überschritten. Das »Wirtschaftswunder« der Nachkriegszeit verlangte bald nach einer »Anpassung« nach oben auf den fünf- oder zehnfachen Wert und mehr. »Stockt die Motorisierung, stockt das Wirtschaftswachstum«, auf das zu starren man erzogen wurde und dabei übersah, wie die Bevölkerung von geriebenen US-amerikanischen Ratingagenturen und Banken über den Tisch gezogen und ausgeraubt wurde und wird.

Wie sich der Blick verengt

Mit der Motorisierung wurden die Massen mobil und der Blick verengte sich weiter, besonders an den Ausbildungsstätten. Denn um die Mobilität zu bewältigen, brauchte man sachkundige Fachleute für die Verwaltungen, Planungsbüros und Firmen. Nicht nur das Verkehrssystem war dem Auto anzupassen, auch die Siedlungen und Städte. Schon in den 1930er-Jahren hatte der technik- und autoverliebte Architekt Le Corbusier[39] die Vision einer autogerechten Stadt entworfen und mit gleichgesinnten, wohlmeinenden Kollegen die Charta von Athen verabschiedet, auf die man sich nach dem Krieg berief.

Dem Auto gehört demnach die Erdoberfläche, die Langsamen werden in die Tiefe in die Metros oder auf Über- oder Unterführungen verbannt, um die Mobilität in dieser weitläufigen, oft auch begrünten Stadt der klaren Funktionen nicht zu behindern: ein Ideal, das bis heute das Leben in städtischen Organismen zerstört.

Die Verkehrsplaner, oft aus dem Bauwesen kommend, konnten nicht auf solch visionäre theoretische Konzepte zurückgreifen. Das Auto hatte bereits die Kontrolle über das Hirn und seine geistige Mobilität übernommen, weshalb sie nach Lösungen suchten, die seinen Bedürfnissen entgegenkamen. Der »natürliche« Maßstab dafür kam aus den USA, die »Person Car Unit« oder Pkw-Einheit, die neue Bezugseinheit für Verkehrsplanung und -technik.

Für Pkw und Lkw wird seit damals der öffentliche Raum gestaltet. Busse werden in 1,5 Pkw-Einheiten umgerechnet, wenn es um die Berechnung von Signalplänen an Kreuzungen geht, unabhängig davon, ob ein Bus mit 50 oder 200 Personen besetzt ist. Der Benutzer des öffentlichen Verkehrs wird so auf 0,5 % bis 2 % eines Autolenkers abgewertet. Fußgänger eignen sich nicht für diese

Umrechnung, weshalb man ihnen jeden Umweg zumuten kann. Oder aber sie verschwinden von der Oberfläche, indem man sie »über- oder unterführt«.

Trotz all dieser Umrechnungen nahm der Stau – die gefürchtete Mobilitätskrankheit des Autoverkehrs – nicht ab, sondern eher noch zu.

Die Verkehrstechnik: eine Fahrbahnquerschnitts-Sicht

Dem Phänomen »Stau« ging man nach. Man fand die Ursache bei Zählungen am Fahrbahnquerschnitt: Zählt man die Autos, die den Querschnitt passieren, und misst ihre Geschwindigkeit, so zeigt sich, dass die Geschwindigkeit abnimmt, je mehr Fahrzeuge unterwegs sind, je mehr ihre Dichte in Fahrzeugen je Kilometer steigt. Ab einer kritischen Dichte nehmen die gegenseitigen Behinderungen der Verkehrsteilnehmer schnell zu. Die Geschwindigkeit nimmt ab, ebenso wie der Durchfluss. Es kommt zum Stau.

Maximale Autodichte erzeugt das Gegenteil von »Mobilität«? Ein unerträglicher Zustand für das Auto in den Köpfen[40] der Mobilitätsexperten, den es zu vermeiden gilt. Also wurden Vorwarnstufen, »Level of Service« genannt, entwickelt, um rechtzeitig reagieren und den »Verkehrszusammenbruch« vermeiden zu können. A steht für unbehindertes Fahren – den Idealzustand –, F steht für den gefürchteten stockenden Verkehr mit Neigung zu Stau, den »instabilen Verkehrszustand«. Stabilität bedeutet ungehinderte Fahrt, eigentlich das Gegenteil dessen, was man normalerweise darunter versteht. Aber »stabiler Verkehrszustand« klingt gut, denn wer will sich schon gegen eine »Stabilisierung« stellen? Man muss daher vorsorgend eingreifen – in die Natur und den Staatssäckel –, um den »destabilisierenden« Stau durch ständige Erweiterung der Netze zu vermeiden. Paradox, sitzen doch Autofahrer nirgends so stabil wie im Stau. Aber wir befinden uns in einem inversen Universum, wo plus minus bedeutet und umgekehrt …

Das System der WC-Spülung

Es basiert auf Dummheit, wenn Planer und Behörden die Verkehrsprobleme mit dieser Methode lösen wollen. Dabei ließe sich ein einfacher Vergleich heranziehen, der sie eines Besseren belehren könnte: Eine WC-Spülung beherrscht die Mobilität bzw. Eigendynamik des »Wasserverkehrs«, sie lässt nur so viel Wasser durchlaufen, wie man für den Transport der Fäkalien in das Kanalnetz braucht. Sie »weiß«, wann es genug ist, und sperrt den Zufluss, ohne Rücksicht darauf, dass hinter der Dichtung Milliarden von Wassermolekülen im Stau stehen. Negative Rückkopplung nennt man diese Methode, mit der jedes Problem anzugehen ist, auch der Autoverkehr. Das System der Spülung schützt die Wohnung vor Überschwemmung und unhygienischen Zuständen.

In der traditionellen Ausbildung wird Verkehrsplanern jedoch genau das Gegenteil beigebracht. Sie lernen, wie oben beschrieben, sich der (unverstandenen) Eigendynamik des Autoverkehrs total anzupassen und die »Mobilität« mit allen Mitteln zu unterstützen. Obwohl für den Wasserfluss und den Verkehrsfluss letztlich dieselben Formeln gelten, passiert in der Verkehrsplanung das Gegenteil. Anstatt den Zufluss durch Gegendruck und Dichtung zu beherrschen, beseitigen sie alle Widerstände und bauen, sofern das noch immer nicht genügt, ein zweites, womöglich noch größeres Rohr ein. Damit werden die Siedlungen mit Autos überschwemmt und die Planer wundern sich, warum die Probleme nicht kleiner, sondern größer werden. Geistig derartig beieinander, werden Verkehrsingenieure, -planer, -ökonomen und -juristen seit Jahrzehnten auf die Natur und die Gesellschaft losgelassen, um Verkehrsprobleme mit einer Methode zu lösen, die diese nur erzeugt und verschärft.

Dem Auto in den Köpfen wurde der Wunsch nach ungehinderter Fahrt erfüllt. So wurde und wird der öffentliche Raum der Siedlungen, Ortschaften und Städte durch breite Fahrbahnen zerstört, indem man sie in Todes-, Lärm- und Abgaszonen verwandelt. Wenn der Autoverkehr stockt, muss der ungehinderte Strom durch den

Bau von Umfahrungen wiederhergestellt werden. Das geht, weil sich die Natur nicht wehrt und weil man ohnehin gelernt hat, wie sich lebendige Natur in Asphalt und Beton umwandeln lässt. Dies erleichtert die »Erschließung« neuer, monofunktionaler Baugebiete und Standorte für Einkaufs- oder Fachmarktzentren mit riesigen Parkplätzen.

Noch schlimmer ist es, wenn Raum- und Stadtplaner bzw. Behörden ein System wie das der WC-Spülung gar nicht kennen. So kann passieren, dass sie mit dem Auto schlimmer verfahren als Menschen im Mittelalter mit Fäkalien und Abfällen: Der Inhalt der Nachttöpfe, die unter dem Bett standen, wurde auf die Straße gegossen (»Gosse«), erst durch die Einführung des WCs wurde Hygiene im öffentlichen Raum gewährleistet.

Planer und Behörden sorgen mit dafür, dass nicht nur die Umweltverschmutzung aus Autoabgasen und Lärm bis in die letzten Winkel der Lebensräume eindringen kann, sondern dass auch das Leben selber bedroht wird. Sie sehen vor, dass bei jeder menschlichen Aktivität – zwar nicht die Nachttöpfe, aber – die Abstellplätze für Autos eingerichtet werden. Es soll eben bequem sein, wie einst der Nachttopf unterm Bett, den unhygienischen Zustand ignoriert man dabei. Sie erkennen nicht, dass sie selbst zur Ursache der Probleme wurden. Dem Auto ist der Sieg sowohl über die körperliche als auch geistige Eigenbewegung des Menschen gelungen.

Sachzwänge ergeben sich als Folge eines geistigen Stillstandes, der sich gegen jede Selbstkritik durch Planungs-, Projektierungsrichtlinien, Gesetze und Berechnungsverfahren immunisiert, kontrolliert von Gremien Gleichgesinnter im Verein mit den Nutznießern. Die wir schon kennen, von den Energieversorgern bis zu den Banken …

Auch die EU leistet ihren Beitrag dazu, indem sie von famosen Experten aus einer Größe, die es nicht gibt – Zeitverluste durch Stau –, 4 % Einbuße des Bruttonationalproduktes berechnen lässt. Sie hätte sich dafür eigentlich den Wirtschaftsnobelpreis verdient und wäre damit auch in bester Gesellschaft, im Unterschied zum Friedensnobelpreis[41].

Die Anti-Ingenieure

Ingenieure wenden Formeln der Physik gekonnt in der Praxis an, um auftretende Kräfte zu beherrschen. Der Gewichtskraft, dem Produkt von Masse mal Erdbeschleunigung, wird durch Konstruktionen entgegengewirkt, um zu verhindern, dass Bauwerke einstürzen, Hänge abrutschen, Schiffe sinken oder Flugzeuge abstürzen.

In allen Massen jedoch gibt es den unerfüllten Bedarf an Mobilität, sich der großen Masse der Erde zu nähern – so schnell wie möglich. Keinem Ingenieur würde es einfallen, das Newton'sche Gravitationsgesetz so zu interpretieren, dass der Widerstand zwischen den Massen verringert wird. Vielmehr wird alles darangesetzt, dem Verkehrsbedarf eines Körpers, nach unten zu sausen, eine mindestens gleich große Kraft entgegenzusetzen, um das zu verhindern. So beherrscht man die Kräfte, die auf den Körper wirken.

Verkehrsingenieure und -planer tun genau das Gegenteil, obwohl sie dieselben Formeln verwenden. Sie bauen alle Widerstände ab und wundern sich dann, dass das Chaos immer größer wird. Wer also Fahrbahnen baut, grüne Wellen für den Autoverkehr einrichtet und Navigationssysteme für schnellere Routen anbietet, arbeitet emsig am Zusammenbruch nicht nur des Verkehrssystems, sondern auch an der Zerstörung der lokalen Wirtschaft und der lokalen sozialen Beziehungen. Verkehrsingenieure traditioneller Ausbildung sind daher Anti-Ingenieure und lebende Beweise für die Tatsache: »Schlecht ausgebildete Techniker, die nicht die Grenzen und Einschränkungen der Formeln kennen, die sie anwenden, können zur lebensbedrohlichen Gefahr für die Menschheit werden.«[42]

Mobilität aus Punkten

Um den Verkehrsbedarf etwa zwischen zwei Orten oder Städten zu berechnen, lässt sich die Gravitationsformel heranziehen, die die Anziehung von Massen beschreibt. Man reduziert Ortschaften auf ihre Mittelpunkte. Einwohner, Arbeitsplätze usw. sind die Potenziale (Massen), der Wiederstand wird durch Entfernungen, Fahrzeiten und/oder Kosten beschrieben. Die Abbildungsgenauigkeit wird mit Zählungen an Straßenquerschnitten zwischen den Orten geprüft, das Modell wird »kalibriert«. Mit einiger Erfahrung im Umgang mit den Parametern kann man so die Zählwerte ziemlich genau abbilden. Man hat dann ein Modell, mit dem man unter bestimmten Annahmen den zukünftigen »Mobilitätsbedarf« berechnen kann. Dieser bestimmt den Bedarf an Straßen oder Eisenbahnen für die Infrastruktur. So werden die Grundlagen für Verkehrsentwicklungs-, Generalverkehrs-, Bundes- oder Landeswegepläne erstellt und am Wertesystem der Gesellschaft »gewogen«, was sich in den Budgets niederschlägt. In den Gemeinden Österreichs werden im Verkehrssektor über 70 % der Gelder für den Autoverkehr verwendet. Die »Mobilität« ist durch »Zahlen, Daten und Fakten« der Verkehrsforscher, Institute, statistischen Ämter und Ministerien belegbar. Die Sicht ist somit auf den Punkt reduziert.

Ist die Sicht erst reduziert, forscht man gänzlich ungeniert ...[43]

Wir sind nun in der Verkehrsforschung angekommen. Und wie jede Forschung mit den Erscheinungsformen, den Symptomen, beginnt, ist das auch in der Verkehrswissenschaft der Fall. Nur hört sie dort auch schon auf. An der bunten Oberfläche der Symptome finden nahezu alle Disziplinen Platz genug, ohne sich gegenseitig ins Gehege zu kommen. So kann eine Autobahnbaugesellschaft Psychologen ebenso gut beschäftigen wie Landschaftsplaner, ohne dass diese das weitere Zubetonieren der Natur stören. Ein unwiderstehlicher Anreiz für alle möglichen und unmöglichen Disziplinen, diese Phänomene aus der jeweils »qualifizierten« Fachsicht zu bearbeiten und zu erklären. Die Voraussagen werden dem – unverstandenen – System angepasst. Unverdauter Popper[44] macht's möglich.

Einen Schritt zurücktreten …

… könnte den Horizont schon entscheidend erweitern. Gefährlich jedoch ist es, wenn der Blick durch die immer zahlreicher werdenden Mobilitätsforscher und -experten sofort wieder verstellt wird. Die einfachste Frage wäre: Woher kommt diese ständig steigende »Mobilität«? Nun wäre es vermessen, zu behaupten, die Mobilitätsforscher hätten sich diese Frage nicht auch schon gestellt und die Antwort nicht auch gefunden. Es geht darum, die Bedürfnisse zu befriedigen – und schon gelangt man in ein Forschungsfeld, das für Soziologen ebenso wie für Wirtschaftsforscher äußerst ergiebig ist. Der Zweck allein genügt. Er ist losgelöst vom Ort, so wie die Mobilität vom Zweck. Also kann man den Ort auch nicht dafür verantwortlich machen, er ist ja bereits »auf den Punkt« gebracht. »Mobilität (mit dem Auto, Anm. d. Verf.) ist ein Grundbedürfnis.«[45] Der Beginn und das Ende dieser geistigen Fahnenstange. Und wenn der Ort ein Punkt ist, wie soll man dann erkennen, was sich drinnen befindet? Dieser Ort muss so miserabel, so voller Not sein, dass es die Menschen hinaustreibt – zur Arbeit, zum Einkauf, zur Ausbildung, zur Freizeit, zu Sozialkontakten. Er kann aus sich heraus keine Ziele mehr anbieten, keine komplementären Funktionen und zwingt somit zur Mobilität. Aus der durch Planungsmist entstandenen *Zwangsmobilität* hat das Auto ein *Mobilitätsbedürfnis* gemacht. Dieses gilt es zu »befriedigen« und für beides werden Spezialisten ausgebildet. Die einen erzeugen die Not erst durch »Erreichbarkeit« mit dem Auto, die anderen befriedigen die Mobilitätsbedürfnisse durch Fahrbahnen. Im »Punkt«, also den Siedlungen selber, wird durch die Planer jedwede Form der Mobilität durch brutalen baulichen Widerstand unterdrückt, und gleichzeitig werden die Widerstände zwischen den Orten für den Autoverkehr mit viel Geld abgebaut, damit einhergehend wird die Natur zerstört. Die Palette der Planer für Barrieren gegen menschliche Mobilität ist reichhaltig und besteht aus Bordsteinen, schmalen Gehsteigen, Umwegen, Verkehrszeichen für Autos, die auf dem schmalen Gehsteig stehen, Todesrisiken beim Betreten der

Fahrbahnen, Wartezeiten, parkende Autos, Lärm, fehlende Ziele, öde Fassaden, Unter- und Übergänge. Damit wird sukzessive ein lebensfeindliches Umfeld geschaffen und die Attraktivität der Fußwege wird zerstört. Damit sind wir aber noch immer bei den Symptomen. Die Ursache jedoch liegt viel tiefer.

Eine teuflische Vorschrift

§2 in Adolf Hitlers Reichsgaragenordnung von 1939 lautet:

»Wer Wohnstätten, Betriebsstätten … baut, hat für die vorhandenen und zu erwartenden Kraftfahrzeuge … Einstellplatz auf dem Baugrundstück oder in der Nähe zu schaffen.«

Diese Vorschrift wird seit 1939 bis heute von den Verwaltungen mit aller Härte in die Praxis umgesetzt, die Nichterfüllung wird mit hohen Geldstrafen, sogenannten »Ablösesummen«, geahndet. Das sichert dem Auto seine Lebens- und Bewegungsräume bis in den letzten Winkel. Wenn an jedem Ziel »ausreichende Einstellplätze« zur Verfügung gestellt werden, müssen diese natürlich durch Fahrbahnen »angebunden« werden. Damit wird aber die Mobilität aller anderen Verkehrsteilnehmer überall eingeschränkt. Allein daraus ergibt sich ein Zwang zum Autofahren. Ein teuflischer, selbstverstärkender Regelkreis wird mit dieser vom »Führer und Reichskanzler« eingerichteten Bestimmung eingesetzt, sein Ziel, »die Förderung der Motorisierung …«, wird bis heute seitens der Politik und der Verwaltungen verfolgt.

Der »Führer« hatte zwar keine Ahnung von der evolutionären Ausstattung der Menschen, aber ein sicheres Gefühl dafür, wie man Menschen »verführerisch« beherrscht. Mit dem auf diese Weise postierten Auto, das den Menschen die Last des aufrechten Ganges abnimmt, wird auch das menschliche Wertesystem aufgegeben. Die Falle ist so konstruiert, dass man sie nicht nur nicht merkt, sondern genießt und sogar für unverzichtbar hält. Der körpereigene Aufwand wird gegenüber dem Fußgänger beim Autofahren auf einen Bruchteil reduziert, die Kraft für Bewegung wird gleichzeitig um das Tausendfache gesteigert. Wer kann schon auf etwas verzichten, wenn er dazu genötigt wird?

Wie ein Virus in einer Zelle, so wird das Auto mit Vergnügen in den Hirnen und Lebensräumen aufgenommen. Seine Macht merkt man, wenn man sich als Planer für die Mobilität von Menschen einsetzt, auch wenn man nur kleine Ghettos – Fußgängerzonen genannt – einrichten will, ohnehin nur über enge Gehsteige und begrenzt von parkenden Autos erreichbar.

Die Grenze des Erträglichen für die Autogesellschaft schreckt auch gutwillige Politiker von allen Maßnahmen ab, den Menschen wieder zu ihren Rechten im öffentlichen Raum zu verhelfen. Es gibt Tiroler Gemeinden, die den Willen des Führers sogar noch verschärft haben und pro Wohnung schon drei Autoabstellplätze vorschreiben. Der Teufel hat mit dem »Heiligen Land Tirol« sicher seine Freude, auch weil dort ein überflüssiges Loch in den Berg gebohrt werden soll, der Brenner Basistunnel. Linke und grüne Kommunalpolitiker sind entrüstet und manche schockiert, konfrontiert man sie mit der Tatsache, dass sie eine der schlimmsten Verordnungen des Naziregimes exekutieren. Ihre Energie setzen sie aber nicht dazu ein, diese unmenschliche Bestimmung aufzuheben. Das Auto im Kopf lässt es nicht zu. Außerdem würde das die Grundpfeiler des modernen Verkehrswesens erschüttern.

Drei Grundpfeiler des heutigen Verkehrswesens

- Mobilitätswachstum
- Zeiteinsparung durch Geschwindigkeit
- Freiheit der Mobilität und Verkehrsmittelwahl

Auf diesen drei Pfeilern wurde das heutige Gebäude der Mobilität errichtet. Wie tragfähig sind diese Pfeiler?

Definiert man Mobilität als »Autofahren«, ohne nach dem Zweck zu fragen, wird ein empirisch gut gesicherter Zusammenhang zwischen Mobilität und Motorisierung sichtbar. Stimmt dieses Erscheinungsbild, das die Verkehrspolitik von heute trägt?

Mangel am Ort ist immer die Ursache der räumlichen Mobilität, die man durch das Ziel zu beseitigen bzw. zu befriedigen sucht. Jeder räumlichen Bewegung liegt daher ein Zweck zugrunde, unabhängig vom verwendeten Verkehrsmittel. Wird dieser Zweck zu Fuß erfüllt, kann er nicht gleichzeitig auch mit dem Auto erledigt werden. Geht man zu Fuß zur Arbeit, so ist dieser Mobilitätszweck befriedigt. Man kann ja nicht gleichzeitig mit dem Auto hingefahren sein, es sei denn, man lässt es ferngesteuert gleichzeitig mitfahren, woran mit Milliardenaufwand schon gearbeitet wird. Die durchschnittliche Anzahl der Zwecke ist für Motorisierte wie für Nichtmotorisierte gleich – und damit auch die durchschnittliche Anzahl der Wege pro Tag. Eine zweckbezogene Mobilität wächst daher nur mit der Einwohnerzahl und in Notzeiten.

Im Verkehrssystem gibt es kein Mobilitätswachstum. Nimmt die Zahl der Wege mit einem Verkehrsmittel zu, nimmt sie im gleichen Maß beim anderen ab.

Die Art der Mobilität ist daher gestaltbar, weil das Verhalten durch Strukturen bestimmt wird. Nur zwecklose Mobilität wächst. Eine Politik, die darauf baut, ist aber nicht zwecklos, sondern sie ist gefährlich.

Der zweite Grundpfeiler schneller Mobilität beruht auf dem offensichtlichen Vorteil hoher Geschwindigkeiten: Man kann Mobilitätszeit »sparen«. Wer schnelle Verkehrssysteme hat, spart Zeit, und das stiftet, wie berechnet wird, wirtschaftlichen Nutzen.

Gesellschaften, die über schnelle Mobilität verfügen, müssten »gemütlicher« sein. Allein die Erfahrung widerspricht dieser Erwartung, so wie uns auch die individuelle Erfahrung über die Systemwirkung täuscht. Das System zeigt hier eine Eigenschaft, die nicht der Einzelerfahrung entspricht: Die Reisezeit bleibt gleich. Die Geschwindigkeit ändert die räumlichen Strukturen, die Quellen und Ziele verschieben sich, die Wege werden länger, die Kosten werden höher.

Im Verkehrssystem gibt es keine Zeiteinsparung durch Geschwindigkeitserhöhung, der Wert ist null. Kurz: Die Mobilitätszeit bleibt gleich, die Strukturen ändern sich.

Die langsamen Fußgänger haben die Kompaktheit und Funktionsvielfalt historischer nachhaltiger Siedlungen erhalten. Das Auto in der Nähe führte zur Zersiedlung der Wohngebiete und zur Konzentration wirtschaftlicher und administrativer Strukturen auf wenige Standorte. Es zerstörte die kleinräumige Nahversorgung, das Handwerk und die lokalen Arbeitsplätze. Das Konzernprodukt Auto erfüllte und erfüllt seine Aufgabe für die Konzerne mit Bravour.

Wer mit einer Größe rechnet, die nicht existiert, ist entweder verrückt (in Bezug auf die Realität) oder kann das Systemverhalten nicht begreifen.

Auch der zweite Pfeiler herkömmlichen Verkehrswesens existiert also nicht. Die Geschwindigkeit hat nicht nur ihre Bedeutung verloren, sondern wird zu einer untragbaren Verantwortung für Planer und Politiker, wenn sie diese über die Grenze menschlicher evolutionärer Erfahrung hinaus zulassen. Ab 30 km/h lässt sich die Verantwortung für die Konsequenzen nicht mehr auf die Verkehrsteilnehmer abwälzen, denn die haben dafür keine evolutionäre Ausstattung.

Die Geschwindigkeit ist auch nicht mehr der zentrale Aspekt bei der Projektierung von Verkehrsanlagen. Diese müssen sich wieder den Randbedingungen anpassen, im Freiland dem Gelände, in den Siedlungen den Menschen. Ein System, das keine Zeit durch Geschwindigkeit sparen kann, kann auch keine im Stau verlieren. Das begreifen selbst Autofahrer in kürzester Zeit. Wenn der Querschnitt etwa um die Hälfte reduziert wird, haben sie sich der neuen Situation innerhalb einer Woche angepasst. Ist der Querschnitt geschlossen, weil die Fahrbahn längere Zeit gesperrt werden muss, ist der Stau ganz weg. Es gibt nur wenige Autofahrer, die über eine Autobahn fahren wollen, die es nicht mehr gibt. Verkehrsexperten jedoch verstehen dies auch nach 50 Jahren nicht. Autostau ist daher kein Problem, sondern eine Therapie – wenn auch keine elegante.[46]

Es bleibt noch ein dritter Pfeiler, auf den sich die heutige »Mobilität« stützt: die »Freiheit der Verkehrsmittelwahl«. Und gegen »die Freiheit« lässt sich wohl schlecht argumentieren. Jede Freiheit hat dort ihre Grenze, wo sie die Freiheit anderer einschränkt. Diese Grenze überschreitet jedes Auto, das im öffentlichen Raum abgestellt wird oder sich schneller als ein Fußgänger bewegt. Es schränkt die Freiheit der Mobilität aller anderen Verkehrsteilnehmer ein.

Abstellplätze in unmittelbarer Nähe nehmen jedoch auch den Autofahrern die Freiheit der Verkehrsmittelwahl, weil der Mensch aufgrund seiner evolutionären Ausstattung den unmittelbaren Nutzen sucht, und dieser ist die Bequemlichkeit des Autofahrens, was aus den tiefsten Schichten des Hirns gesteuert wird. Die stärkste Freiheitseinschränkung kommt ebenfalls aus den Schichten des Hirns. Dort nistet sich das Auto ein und löst mächtige Reize aus, denen wir uns nicht entziehen können. So hat es auch die gesamte bauliche, organisatorische und finanzielle Umwelt perfekt auf seine Bedürfnisse abgestimmt. Es beherrscht das Denken, Sehen und Handeln. Als Mobilität kommt daher nur Automobilität infrage.

Doch es hilft nichts, nur den Lebensstil oder die Kultur zu ändern, wenn man in tieferen Strukturproblemen verfangen ist. Die sogenannte »Freiheit der Verkehrsmittelwahl« ist eine Illusion, weil unser Verhalten durch innere und äußere Strukturen geprägt wird.

Für den Autofahrer und seine kritikimmunen Proponenten, die ihre Arbeitskraft für Planung und Bau der Fahrbahnen einsetzen und sich einbilden, sie würden ein nachhaltiges Leben führen, weil sie in der Freizeit im Wald wandern, ist das schwer zu verstehen. Es lebt sich einfach bequemer mit reduzierter geistiger Mobilität. Greift man ihr geliebtes Auto mit Argumenten an, stellen sie spontan die Frage, ob man denn nicht selbst auch mit dem Auto fahre, als ob das ihr Verhalten entschuldigen würde. Es sind die Strukturen, die gebauten, finanziellen und organisatorischen, die aus Menschen Autofahrer machen. Ändert man diese, werden sie wieder zu Menschen.

Unvoreingenommene Menschen erkennen die nicht existierenden »Grundpfeiler« des Verkehrswesens so spontan wie das Kind »den nackten Kaiser«[47]. Für Experten ist dies nahezu ein Ding der Unmöglichkeit. Und wie bei jedem Paradigmenwechsel werden die sogenannten »Kernhypothesen« erbittert verteidigt, selbst wenn es diese, wie im Verkehrswesen, gar nicht gibt.

Erkennen Experten all dies nicht, können sie die Folgen ihres Handelns nicht mehr abschätzen. Wenn sie darüber hinaus auch noch ausgezeichnet und »berufen« werden, gibt es keinen Grund, Mühen und Risiken geistiger Mobilität außerhalb des Gewohnten auf sich zu nehmen.

Mobilitätsbarrieren …

… gab es schon immer. Das waren beispielsweise breite und tiefe Flüsse, Steilstufen und Gebirgszüge, Seen und Meere, Wetterbedingungen usw. Ohne geistige Mobilität hätte man diese Barrieren nicht überwunden. Mobilität diente dem Überwinden der Barrieren, die Verkehrswege waren über Jahrtausende das Mittel.

Mit der Eisenbahn gab es erstmals ein Verkehrsmittel, das selbst zu einer Mobilitätsbarriere wurde. Straßen waren damals noch Verbindungen, in alle Richtungen – längs wie quer – gleichwertig zu nutzen, weil alle Menschen annähernd gleich schnell unterwegs waren.

Das änderte sich mit den Autos grundlegend: Überall, wo sie fuhren, entstand für alle anderen eine lebensgefährliche Mobilitätsbarriere.

Zu den grausamsten Mobilitätsbarrieren für Menschen und Tiere gehören die Autobahnen, die durch »Wildschutzzäune« oder »Lärmschutzwände« die schnelle Automobilität absichern. Sie sind zerstörende Satisfyer. Für die Bodentiere hat eine Autobahn auch ohne diese Barrieren eine Brutalität vergleichbar mit der der Berliner Mauer: Unüberwindbar, wer sich drüberwagt, wird »abgeschossen«. Empathie empfinden Straßenbauer nur für die Autos, denn ihr Hirn wurde durch die Ausbildung diesbezüglich geschult.

Gefängnisse de jure und de facto

In Gefängnissen ist die Mobilität eingeschränkt, de jure für nachgewiesene Straftaten, ebenso wie die Einweisung in »geschlossene Anstalten« für gefährliche und gefährdete Personen. Dass der Großteil der Bevölkerung, seit es Autos gibt, de facto unter gefängnisähnlichen Bedingungen aufwächst und lebt, ohne schuldig oder gefährlich zu sein, ist aber kaum bewusst. Fährt man durch die Stadt, so passiert man unsichtbare Gefängnismauern, hinter denen sich die Fußgänger auf Gehsteigen zu bewegen haben. Ausgang bekommen sie nur an besonders dafür markierten Stellen, häufig noch durch Signallichter zeitlich dosiert. Ausbrüche können leicht tödlich enden, besonders für Kinder. Kinder sind ja wegen ihrer Unberechenbarkeit allgemeingefährlich, weshalb man sie in den Wohnungen und beim Spielen in Gitterkäfigen halten muss, damit die Autofahrer ungehindert herumtoben können.

Autofahrer gehören zu einer Spezies, die nahezu bewegungslos von einer Maschine auf Rädern herumgefahren wird: die Inkarnation der heutigen »Mobilität«. Traditionell ausgebildete, für die Praxis »zugerichtete« Planer haben gelernt, diese Art von Gefängnissen perfekt zu planen, zu bauen, und eine Fülle von Richtlinien erlassen, um sie zu sichern. Entscheidungsträger, die solche öffentlichen Räume gestalten, sind sich vermutlich gar nicht bewusst darüber, dass sie Gefängnisse planen, und werden sich wundern, wenn es bisweilen Revolten in diesen Ghettos gibt. Jährlich sterben mehr Unschuldige, die diese Mauern durchbrechen, als bei Gefängnisausbrüchen jemals gestorben sind. Der Begriff Mobilität wird, da nicht verstanden, missbraucht, damit Mobilität selber rücksichtslos unterdrückt werden kann.

Blut an den Händen

Wer ein System plant, baut und betreibt, an dem alle Menschen passiv und aktiv teilnehmen müssen, ist für die Folgen verantwortlich, die aus seinen Handlungen und Maßnahmen resultieren. Beim öffentlichen Verkehr gibt es weitgehend geschlossene Verantwortungsketten – nicht aber beim Autoverkehr. Geschwindigkeiten über 30 km/h überschreiten die Grenzen der Eigenverantwortung auch der Autofahrer. Wer Anlagen plant und baut, die zu höheren Geschwindigkeiten verleiten, ist dafür verantwortlich und kann sich nicht auf Richtlinien oder Gesetze berufen, die von den Menschen Unmögliches verlangen.

Fließt Blut in diesem System, haben alle Beteiligten Blut an ihren Händen, gleichgültig ob als Lehrer, Planer, Verwaltungsbeamter oder Politiker – und auch ich selber, bevor ich begann, das Verkehrssystem zu verstehen und blutige Kompromisse abzulehnen.

Vor 3700 Jahren wusste man das noch oder schon – heute nicht mehr. Das Verantwortungsprinzip wird ausgeschaltet. Das System Autoverkehr hat deshalb jedes Jahr weltweit für über fünf Millionen Menschen tödliche Folgen, für über 20 Millionen blutige, davon für 1,3 Millionen letztendlich ebenfalls tödliche. Es ist die blutigste Mobilität aller Zeiten.

Verursacherprinzip

Man findet den Begriff »Verursacherprinzip« heute im Zusammenhang mit Umwelt- oder Sozialfragen in ziemlich verwaschener Form in den Wirtschaftswissenschaften, wenn »Verursacher« für die von ihnen »verursachten« sozialen oder volkwirtschaftlichen Kosten aufkommen sollen. In einer klaren, unverfälschten Form kennen wir das Prinzip aus dem Codex Hammurabi: Die Folgen einer Handlung wirken auf den oder die Verursacher in gleicher Form zurück. Dies entspricht dem fundamentalen Prinzip der Evolution in ihrem Wechselspiel zwischen Erwartung und Erfahrung. Ohne diese konsequente Rückkopplung, die zur belastbaren und tragfähigen optimalen Einpassung alles Neuen in das Bestehende geführt hat, wären wir nicht da. Seine Missachtung ist nicht folgenlos – umso mehr, wenn diese Folgen Unschuldige treffen.

Wenden wir das Verursacherprinzip auf das Auto an, so hätte der Tod eines Autofahrers, verursacht durch einen technischen Fehler des Fahrzeugs oder der Verkehrsanlage, auch den Tod des Herstellers, Planers oder Baumeisters zur Folge. Ist der Verursacher keine physische Person, sondern eine juristische, etwa ein Konzern, ist auch dieser zu »töten«. Man löst ihn rechtlich auf, es sei denn, der Vorstandsvorsitzende nähme die Verantwortung auf sich. Damit wäre zumindest wieder ein gewisses Gleichgewicht zwischen Einkommen und Risiko hergestellt. Aber nicht nur das, es gäbe kaum noch große Konzerne und an deren Spitze, falls es eine solche noch gäbe, würde man auf Persönlichkeiten mit hoher geistiger Mobilität zum Wohle der Allgemeinheit treffen. Der Konzern würde wieder zu seinen Ursprüngen – Dienstleistung im Auftrag und unter Kontrolle der Gesellschaft – zurückgeführt und es gäbe eine vollkommen andere Mobilität.

Vorsorgeprinzip

Das Vorsorgeprinzip als zweite Voraussetzung zielt darauf ab – trotz fehlender Gewissheit bezüglich Art, Ausmaß oder Eintrittswahrscheinlichkeit von möglichen Schadensfällen –, vorbeugend zu handeln. Es reicht weiter als das Verursacherprinzip, weil es einen Sicherheitsfaktor (als Vorsorge) für mangelndes Wissen über das Systemverhalten verlangt. Wirksam kann es aber nur mit dem Verursacherprinzip und seinen Sanktionen werden.

Die Bewohner der Osterinseln haben dieses Prinzip nicht beachtet und ihre Kultur ist in der ersten Hälfte des 18. Jahrhunderts untergegangen. Unsere Ölabhängigkeit ist ebenfalls ein Beispiel. Spätestens seit 1956 hätte man Vorsorge für die langfristige Nutzung dieser Ressource treffen müssen. Das Gegenteil passierte, es wurde weiter fröhlich verbrannt, um Luft vor den Autos herzuschieben. Die Verursacher, Nutznießer und Verantwortlichen haben sich bereits von ihrer Verantwortung »verabschiedet«.

Beim Vorsorgeprinzip trifft die Mitschuld auch alle an einem Unfall beteiligten Autofahrer, die sich zwar an die Regeln der Straßenverkehrsordnung gehalten, es jedoch unterlassen haben, zu prüfen, ob sie nicht die Wahl einer weniger riskanten Mobilitätsform gehabt hätten.

Die geistige Mobilität ist keine Hochgeschwindigkeitsbahn, aber im Unterschied zu dieser unbegrenzt möglich. »Better safe than sorry« oder »Vorsicht ist besser als Nachsicht« dürfte ihr Erfolgsprinzip gewesen sein, das man im Rausch der fossilen Energieschwemme verloren haben dürfte.

Den Planern, Betreiben und Verantwortlichen heutiger Mobilitätssysteme kann man die Beachtung des Verantwortungs- und Vorsorgeprinzips kaum unterstellen. Sie greifen wie Erwachsene in das System ein, doch das Niveau ihrer Meinungsethik entspricht eher dem eines Kleinkindes.

Zurück zur Mobilität

Die Zukunft der Mobilität liegt nicht dort, wo man sie in den letzten beiden Jahrhunderten suchte und dabei in einer Sackgasse landete.

Das heutige Mobilitätssystem ist auf drei Irrtümern errichtet:

- einem »Mobilitätswachstum«, das es nicht gibt;
- einer »Zeiteinsparung« durch Geschwindigkeit, die im Verkehrssystem nicht existiert;
- der Illusion einer bedingungslosen »Freiheit der Verkehrsmittelwahl« in einer Realität, in der die Strukturen das Verhalten bestimmen.

Diese Irrtümer haben zu einer größeren Fremdabhängigkeit des Einzelnen, der Gemeinden, der Städte und der Staaten geführt als jemals zuvor in der Geschichte der Menschheit. Das Risiko steigt durch den Anteil billiger und leicht verfügbarer Exergie, die geistig nicht bewältigt wird. Dies trifft nicht nur auf den Autoverkehr zu, sondern auf jede Art des Verkehrs, so wie etwa auch auf den Geld- und Nachrichtenverkehr, wenn die Geschwindigkeiten der Bewegungen nicht mehr begreifbar sind.

Geschwindigkeit und Macht – beides kann missbraucht werden zu rücksichtslosen Raubzügen und zur systematischen Irreführung von Menschen, wenn nicht verantwortungsvoll damit umgegangen wird.

Die Folgen für die Natur, die Wirtschaft und die Sozialsysteme sind unabsehbar.

»Zurück zur Mobilität« ist der Weg aus der Sackgassenfalle heutiger Zwangsmobilität, die zu schweren Verletzungen fundamentaler Menschenrechte geführt hat. Es ist der Weg aus der technischen Falle zurück zur Beherrschung der Technik. Der Weg von den vier Rädern zurück zum aufrechten Gang – ein Sprung vorwärts über mehr als sechs Millionen Jahre. Dazu müssen jedoch die Mobilitätsbarrieren beseitigt werden, die in den vergangenen beiden Jahrhunderten auf einem soliden Unverständnis der Folgen mit großem Aufwand errichtet wurden. Dies funktioniert wiederum nur über Struktureingriffe.

Das Verhalten wird durch Strukturen geprägt, innere wie äußere. Ein Bewusstsein, d. h. eine innere Struktur, ist für die elementaren Werte des Lebens zu entwickeln, um das Auto in den Tiefen unserer Hirne zu begreifen. Entfernt man es von dort, so schafft man die Voraussetzungen, sich auch äußerlich aus der Abhängigkeit zu lösen.

Bedauerlicherweise ist dieser ideale Weg nicht realistisch, denn wir alle tendieren zur Maximierung positiver Empfindungen bei minimalem Aufwand. Das Auto, das in unsere tiefste Evolutionsschicht eindringt, befreit uns nicht nur von der Last der menschlichen Mobilität, dem aufrechten Gang, sondern auch von der Last unangenehmer geistiger Mobilität, jener Mobilität, die uns aus den Gruppen der Hominiden zu kultivierten und zivilisierten Gemeinschaften geführt hat. Um wieder zum aufrechten Gang – und damit zur Mobilität – zurückzufinden, brauchen wir Hilfe von außen.

Der Lösungsweg folgt dem Entstehungsweg

Der Erkenntnisweg in die Mobilitätsfalle führte von den Symptomen zur Ursache, wo wir ansetzen müssen, um aus der Falle herauszugelangen. Dieser Weg ist nicht so schwer, wie es scheint, beachtet man elementare lebenserhaltende Indikatoren und erprobte Prinzipien menschlichen Zusammenlebens.

Die Erdoberfläche ist ein nicht vermehrbares Gut und zwingt uns, da wir von ihr abhängig sind, zu einem sparsamen Umgang mit ihr. Der Flächenaufwand für Automobilität liegt um das Zehn- bis Hundertfache über dem für Fußgänger, Rad- und öffentlichen Verkehr. Da jeder Verkehrsträger die gleichen Funktionen zu erfüllen hat, gibt es keinen Grund für eine Ungleichbehandlung.

Dem Auto sind daher mindestens neun Zehntel der von ihm besetzten Flächen zu entziehen.

Das Leben ist ein Prozess zum Aufbau und zur Erhaltung von Ordnung, ein Kampf gegen die Entropie, gegen die zunehmende Unordnung, wobei die für das System optimale und nicht maximale Nutzung verfügbarer Exergie entscheidend war.

Zu demselben Zweck muss im Autoverkehr mehr als das Hundertfache der Fußgänger und Radfahrer und zehnmal mehr Exergie aufgewendet werden als im öffentlichen Verkehr. Eine solche Energievergeudung kann nur dort toleriert werden, wo sonst unüberwindbare Ungerechtigkeiten entstehen würden, wie zum Beispiel wenn es um die Mobilität körperlich beeinträchtigter Menschen geht, oder dann, wenn ein Mehrwert für die Gesellschaft daraus entsteht, für den es keine geeignetere Alternative gibt: Transporte schwerer Lasten, Arbeitsmaschinen oder Rettungseinsätze.

Das Auto muss sich dem freien Wettbewerb stellen und darf nicht mehr Energie als die nichtmotorisierten Verkehrsteilnehmer zur Verfügung gestellt bekommen.

Eine Vorgabe für die Forschung. Da Geld Energie ist, müssen dem Auto wie auch jedem anderen Verkehrsmittel seine direkten und indirekten Kosten angerechnet werden. Dazu sind faire Marktbedingungen herzustellen. Das Gesetz des Hammurabi auch bezüglich der Kosten hätte dem Auto schon wegen des hohen Unfallrisikos keine Chance gegeben.

Welche Subvention allein bei billigem Treibstoff entsteht, lässt sich leicht berechnen, wenn man die Treibstoffkosten für eine 100 Kilometer lange Fahrt mit dem Aufwand vergleicht, der entsteht, würde man sich mit dem Auto dieselbe Strecke von Personen schieben lassen. Genau diese wahren Transportkosten sind das Geheimnis für den Erfolg der Evolution, die auf einer Handvoll Erde mehr Lebewesen existieren lässt als Menschen auf ihr wohnen.

Der Weg zurück zur Mobilität führt daher nur in eine Richtung: zu einem geringeren Aufwand für räumliche Mobilität.

Keine Autoabstellplätze in menschlichen Siedlungen

Der Parkplatz bei jeder Aktivität ist ein eklatanter Verstoß gegen die Gleichheit der Menschen: eine Rückkehr zum Faustrecht, ohne dass man sich dessen bewusst ist.

Es ist realitätsfremd, von Gleichheit zu reden, wenn sich die Massen und Geschwindigkeiten der Verkehrsteilnehmer um mehr als eine Zehnerpotenz und das Bedrohungspotenzial um das mehr als Tausendfache unterscheiden.

Zurück zur Mobilität kommt man nur durch autofreie Siedlungen, Dörfer und Städte. Das Auto bekommt seinen Platz außerhalb der menschlichen Lebensräume am Rand der Städte und Dörfer: ein langer Weg in der Außenwelt, ein sehr kurzer im Kopf. Dort, wo heute bei den meisten das Auto »sitzt« und die geistige Mobilität behindert, weil es keine Alternativen zulässt, sollten wieder jene Lebensgeister und -inhalte einziehen, die den Menschen in der Entwicklungsgeschichte begleitet und getragen haben. Nur als Bewegungsprothese, das es ja ist, hat ein Auto Zufahrt für jene, die es wirklich brauchen.

Ein praktischer Hinweis für Eltern:
Wer Kinder hat, sollte diese in sein Hirn einziehen lassen, wo jetzt das Auto »sitzt«. Falls sie das schaffen, wird es ihm oder ihr nicht mehr so schwer fallen, das Auto nicht dorthin zu stellen, wo die Kinder den Platz brauchen können.

Für Hundeliebhaber:
Wo Hunde wieder frei herumlaufen können, braucht es Bäume statt der Autoabstellplätze und Grün, wo jetzt grauer Beton und schwarzer Asphalt die Herrschaft der Autos über die Menschen zum Ausdruck bringen.

Für Geschäftsinhaber:
Wo heute die Autos ohne Brieftasche herumstehen, gibt es ein Potenzial für Hunderte von Kunden, die vom Auto und den Autofahrern verdrängt werden. Bei keinem Verkehrsmittel kann die Brieftaschendichte so hoch werden wie bei Fußgängern.

Mikromobilität ist die Grundlage aller Bindungen für die Strukturen des Lebens und der Gesellschaft. Die geistige Mobilität ist unser größtes Potenzial, solange sie den Boden unter den Füßen nicht verliert, aber auch das größte Risiko, wenn sie fehlgeleitet wird.

Die Forderung nach maximaler Mobilitätsdichte – also Zahl der Mobilitätszwecke je Flächeneinheit als Voraussetzung einer lebendigen Stadt – schließt sowohl das Abstellen von Autos als auch das unbegrenzte Fahren aus.

Nur in einem sicheren öffentlichen Raum ohne Gefahren, Abgase und Lärm, der Menschen aller Altersgruppen und aller sozialen Schichten so zur Verfügung steht, dass sie unbehindert in diesem verkehren können, ist Mobilität für alle möglich. Fußgänger und Radverkehr sowie auch öffentliche Verkehrsmittel – Tram, U-Bahn usw. – entschärfen soziale Unterschiede.

Die Normalgeschwindigkeit der Fußgänger bindet die Kaufkraft und die Arbeitsplätze in der Nähe. Fehlt das Auto in der Nähe, wird die bisher unterdrückte geistige Mobilität wieder aufblühen und mit ihr die Vielfalt der Möglichkeiten in der Wirtschaft, der Gestaltung der Lebensräume und der Beziehungen.

Welche geistigen Kräfte das freisetzt, beweisen meine Studenten, wenn sie die Lebensfähigkeit ihrer städtebaulichen Projekte ohne einen Tropfen Treibstoff nachweisen müssen. Plötzlich ist die räumliche Zerteilung der Lebensfunktionen nicht mehr möglich. Die Anforderung an ihre geistige Mobilität steigt sprunghaft und sie erkennen, zu welchen Verbrechen und Schandtaten sie durch die Befolgung mancher Richtlinien und Vorschriften gezwungen werden. Für traditionell zugerichtete Stadt-, Raum- und Verkehrsplaner und geistig bequeme Behördenvertreter ist das vermutlich eine Horrorvorstellung.

Kameras für die Autos – Augen und Ohren für die Menschen

Ist das Auto aus dem Siedlungsgebiet entfernt, wird die allgemeine Sicherheit durch die Augen und Ohren der Menschen, deren Wohnungen, Werkstätten oder Geschäfte sich dem öffentlichen Raum offen zuwenden, weit besser garantiert als durch jede Kamera.

Kameraüberwachungen, CCTV (Closed Circuit Television), wie in Gefängnissen, oder sonstige Videoüberwachungsanlagen wie vielerorts üblich, braucht es nicht für Menschen, die den öffentlichen Raum verantwortlich selbst beherrschen. Niemand sollte jedoch daran gehindert werden, sich eine solche Anlage zwecks Betrachtung und Überwachung seines Autos in einer weiter entfernten Garage oder auf einem Parkplatz am Dorf- oder Stadtrand einzurichten. Hier kann die moderne Informationstechnologie auch ohne Verletzung der Menschenwürde eingesetzt werden. Wer will, lädt sich das aktuelle Bild seines Autos aufs Handy oder den PC und kann sich so mit geringem Aufwand jederzeit einen Rundblick vom »Schnauzerl« bis zum Auspuff seines Lieblings gönnen. Um den bisher in

Wohnungen, der Autokapsel, den Kinderghettos, den Gebäuden und den Gitterkäfigen untergebrachten menschlichen Nachwuchs braucht man sich im Gegenzug weniger Sorgen zu machen. Dieser wird sehr schnell seine Wege zu Freunden, in die Schule und zu seinen Freizeitaktivitäten finden, die dann unter der aufmerksamen Kontrolle der Mitmenschen stattfinden. Lausbuben bekommen wieder eine Chance auf einen harmlosen »Spießrutenlauf«, wenn sie ihre Mobilität überschätzt haben.

Für alle Menschen ist der öffentliche Raum wieder ihr eigener geworden und sie können begreifen, dass sie sowohl für den Raum als auch für das soziale Miteinander Verantwortung tragen.

Für Super- und Fachmärkte in den Asphaltwüsten, die einst grüne Wiesen waren, schaut es weniger lustig aus. Sie kommen nicht mehr so leicht an ihre Kundschaft, wenn diese aufs Auto verzichten. Sie müssen sich ihren Kunden wieder anpassen. Das geht nur dann, wenn sie sich auf dieselbe Stufe mit ihnen stellen und sie bedienen, anstatt sie in demütigender Weise Industrieprodukte sammeln zu lassen. Die Geschäfte werden kleiner und müssen sich den Menschen anpassen, anstatt diese wie bisher mit der Autofalle anzulocken.

Lokale Betriebe bekommen wieder eine Chance, unter fairen Bedingungen zu existieren. Sie werden nicht mehr von den Konzernen rücksichtslos ausgerottet. Es gibt wieder Dienstleistungen für Kunden – und nicht umgekehrt: Dienstleistungen der Kunden für die Konzerne, für die sie außerdem zahlen müssen, wie es auch bei den Banken bereits üblich ist. Bekommt man mehr Waren aus bekannten lokalen Betrieben, spart man sich auch die Tributzahlungen – Finanzkosten – an die Reichen, mehr als ein Drittel der Warenpreise. Der Markt wird überschau- und begreifbar, wenn eine Vielzahl von Einzelhändlern im fairen Wettbewerb zu ihrem Wort stehen, für das sie sich Zeit nehmen müssen. Qualifizierte Bedienung und Information setzen geistige Mobilität auch bei den Kunden in Bewegung. Regionale Lebensmittel können das Angebot bereichern und die industriellen Produkte verdrängen. Der

Geldverkehr wird ebenfalls wieder begreifbar, wenn das Geld in der lokalen Wirtschaft im Umlauf ist zwischen Menschen, die einander vertrauen. Es gerät so seltener in den Sog von Banken und in die Kassen der Konzerne.

Ist Bargeld in lokalem Umlauf, so steht auch die Gemeinde oder die Stadt wieder auf den eigenen Beinen. Sie wird handlungsfähig und geistig mobiler als in den vergangenen Jahrhunderten. Denn sie wird die Probleme dort zu lösen haben, wo sie auftreten, und kann sie nicht auf Räder stellen und in die Ferne verschieben.

Der Weg aus dieser selbst verschuldeten Versklavung ist zwar einfach, aber nicht leicht. Die Autos in den Köpfen werden alles unternehmen, um das zu verhindern, damit sie ihre Macht über die Menschen weiterhin uneingeschränkt ausüben können. Und sie haben starke Verbündete.

Übrigens: Das junge Eichkätzchen hat sich nie wieder auf den Deckel gesetzt oder gar Zwangsmobilität auf sich genommen, wenn es den Deckel öffnen wollte. Es wäre toll, würden das auch die Verantwortlichen im Verkehrs- und Siedlungswesen schaffen.

Anmerkungen

1 Exergie ist der Teil der Gesamtenergie eines Systems, der, unter den jeweiligen Bedingungen, Arbeit verrichten kann.
2 Ernst Basler & Partner, Schweiz: http://www.ebp.ch/files/publikationen/oev_tagung_des_vcs-24.juni.2011.pdf
3 Hermann Knoflacher, Verkehrsplanung für den Menschen, Orac Verlag, Wien 1987
4 Rupert Riedl, Begriff und Welt. Biologische Grundlagen des Erklärens und Begreifens, Paray Verlag, Berlin/Hamburg 1987
5 Gerhard Fasching, Illusion der Wirklichkeit. Wie ein Vorurteil die Realität erfindet, Springer, Wien/New York 2003
6 William Ross Ashby, 1903–1972, britischer Psychiater und Pionier der Kybernetik
7 Zertifizierung ist ein Verfahren, mit dem die Einhaltung bestimmter Anforderungen nachgewiesen wird.
8 David C. Korten, When Corporations Rule the World, Berrett-Koehler Publishers, San Francisco 2001
9 »Die Folgen der Isolation«, in: Die Zeit, 20.12.2012, http://www.zeit.de/2012/51/Isolation-Kinder-Waisenhaus-Rumaenien/komplettansicht
10 Amory Burchard, »Unter sich statt Unterschicht«, in: Tagesspiegel, 6.2.2013, http://www.tagesspiegel.de/wissen/akademikerkinder-unter-sich-statt-unterschicht
11 Birgit Friedl, Karl W. Steininger, Private Konsumausgaben österreichischer Haushalte, Memorandum 0401, Karl-Franzens-Universität Graz, Institut für Volkswirtschaftslehre, September 2004
12 Homöostase (griech. »Gleichstand«) bezeichnet die Aufrechterhaltung eines Gleichgewichtszustandes eines offenen dynamischen Systems durch einen internen regelnden Prozess. Sie ist ein Spezialfall der Selbstregulation von Systemen.
13 Manfred Max-Neef, chilenischer Wirtschafts- und Sozialwissenschaftler deutscher Herkunft
14 Jan Owe Jansson, Conterfactual Analysis of Urban Transport, 16th ECMT Symposium, Budapest 2003
15 Konrad Lorenz, 1903–1989, österreichischer Nobelpreisträger, Mediziner, Biologe, Philosoph und Umweltschützer
16 Hermann Knoflacher, Verkehrs- und Siedlungsplanung, Band 1 und 2, Böhlau Verlag Wien/Köln/Weimar 2007
17 Lewis Mumford, Die Stadt. Geschichte und Ausblick. Kiepenheuer & Witsch, Köln 1963
18 Jane Jacobs, The Death and Life of Great American Cities, Random House, New York 1961

19 Mathias Binswanger, Sinnlose Wettbewerbe – Warum wir immer mehr Unsinn produzieren; Herder Verlag, Freiburg/B. 2010
20 Karl Farkas, 1893–1971, österreichischer Kabarettist und Schauspieler
21 Codex Hammurabi, eine Sammlung von Rechtssprüchen aus dem 18. Jahrhundert v. Chr.
22 Hermann Knoflacher, Verkehrs- und Siedlungsplanung, Band 1 und 2, Böhlau Verlag Wien/Köln/Weimar 2007
23 Hermann Knoflacher, Virus Auto. Die Geschichte einer Zerstörung, Ueberreuter Verlag, Wien 2009
24 Heron von Alexandria, genannt Mechanicus, war ein griechischer Mathematiker und Ingenieur. Er lebte vermutlich im 1. Jahrhundert n. Chr.
25 Thomas Newcomen, 1663–1729, englischer Erfinder
26 Karlheinz Deschner, Der Moloch. »Sprecht sanft und tragt immer einen Knüppel bei euch!« Zur Amerikanisierung der Welt. Weitbrecht, Stuttgart 1992
27 Donella H. Meadows u. a., The Limits to Growth, Universe Books, New York 1972, dt.: Die Grenzen des Wachstums. Bericht des Club of Rome zur Lage der Menschheit. Aus dem Amerikanischen von Hans-Dieter Heck. Deutsche Verlags-Anstalt, Stuttgart 1972
28 Paul Virilio, Geschwindigkeit und Politik. Ein Essay zur Dromologie, Merve Verlag, Berlin 1977
29 Karlheinz Deschner, Der Moloch. »Sprecht sanft und tragt immer einen Knüppel bei euch!« Zur Amerikanisierung der Welt. Weitbrecht, Stuttgart 1992
30 Als Enteignung bezeichnet man juristisch den Entzug von Eigentum an einer unbeweglichen oder beweglichen Sache durch den Staat, im Rahmen der Gesetze und gegen eine Entschädigung. Erst im 18. Jahrhundert wurde die Enteignung als Rechtsinstitut wiederentdeckt. So wurde 1743 in Schweden die Möglichkeit der Enteignung für den Straßen- und Wegebau geschaffen. Großen Einfluss auf die internationale Entwicklung des Rechts der Enteignung erlangte das französische Enteignungsgesetz von 1810.
31 Hermann Knoflacher, Verkehrs- und Siedlungsplanung, Band 1 und 2, Böhlau Verlag Wien/Köln/Weimar 2007
32 Hermann Heinrich Gossen: Entwickelung der Gesetze des menschlichen Verkehrs und der daraus fließenden Regeln für menschliches Handeln, Friedrich Vieweg & Sohn, Braunschweig 1854
33 Hermann Knoflacher, Verkehrs- und Siedlungsplanung, Band 1 und 2, Böhlau Verlag Wien/Köln/Weimar 2007
34 Der Sherman Antitrust Act von 1890 war die erste Rechtsquelle für das US-amerikanische Wettbewerbsrecht. Er sollte angesichts der Entstehung marktbeherrschender Trusts, Kartelle und Monopole deren große Marktmacht einschränken. Erst unter Präsident Roosevelt erfolgte eine stärkere Anwendung des Gesetzes.
35 Der Spiegel, 51/1973

36 Hermann Knoflacher, Virus Auto. Die Geschichte einer Zerstörung, Ueberreuter Verlag, Wien 2009

37 Hermann Knoflacher, Das Lill'sche Reisegesetz – das Weber-Fechner'sche Empfindungsgesetz und was daraus folgt; Mobilita, Bratislava 1995

38 Georg Leber, 1920–2012, deutscher Politiker und Minister; Der Spiegel 2/1968

39 Le Corbusier, 1887–1965, Schweizer Architekt und Stadtplaner

40 Hermann Knoflacher, Virus Auto. Die Geschichte einer Zerstörung, Ueberreuter Verlag, Wien 2009

41 http://www.zeit.de/politik/ausland/2012-10/friedensnobelpreis-vergabe

42 Gerhard Fasching, Illusion der Wirklichkeit. Wie ein Vorurteil die Realität erfindet, Springer, Wien/New York 2003

43 Nach einem Zitat von Wilhelm Busch bzw. Bert Brecht: »Ist der Ruf erst ruiniert, lebt man gänzlich ungeniert.«

44 Karl Popper, 1902–1994, österreichisch-britischer Philosoph, der mit seinen Arbeiten zur Erkenntnis- und Wissenschaftstheorie, zur Sozial- und Geschichtsphilosophie sowie zur politischen Philosophie den kritischen Realismus begründete.

45 BMW-News vom 18.12.2002: »Mobilität ist ein menschliches Grundbedürfnis, eine wirtschaftliche Notwendigkeit, gesellschaftlich gewollt und damit auch ein Schlüssel für unsere Zukunftssicherung.«

46 Hermann Knoflacher: Stehzeuge. Der Stau ist kein Verkehrsproblem, Böhlau Verlag Wien/Köln/Weimar 2001

47 bezogen auf ein Märchen von Hans-Christian Andersen, »Des Kaisers neue Kleider«